ブラック化する教育 2014-2018

大内裕和

対話者

斎藤貴男

佐藤　学

宇都宮健児

内田　良

斎藤美奈子

青土社

ブラック化する教育 2014-2018　目次

第3章　「教育の病」から見えるブラック化した学校現場

内田良 × 大内裕和　121

第4章　「日常の戦争化」に抗する

斎藤美奈子 × 大内裕和　179

ブラック化する教育 2014-2018

はじめに

この本には、二〇一四年から二〇一七年にかけて雑誌『現代思想』で私が行った教育に関わる対談を修正・リライトしたものが集められています。私は二〇一五年に対談集『ブラック化する教育』（青土社）を上梓していて、本書『ブラック化する教育 2014-2018』はその続編と言えます。

私が行った『現代思想』での対談の多くは、原稿用紙八〇枚以上というボリュームです。ほとんどの雑誌がページ数をより少なく制限する傾向を強めるなかにあって、極めて珍しく貴重な場です。このボリュームであれば、取り上げたテーマについて十分に論じ合うことが可能です。対談相手の書いた主な文章は、事前にすべてを読んで準備するようにしています。事前の準備と当日の対談は私にとって、またとない勉強の機会となりました。『現代思想』に貴重な場を与えていただいたことを、今回あらためて感謝しています。

私が『現代思想』の「教育特集」に出たのは、二〇〇二年四月号の「特集＝教育の現在」が最初です。この号での対談が斎藤貴男さんと佐藤学さんの「教育はサーヴィスか」でした。同じ号で私が書いた「教育を取り戻すために」という文章を、斎藤美奈子さんに『朝日新聞』の論壇時評で取り上げていただきました。この号の反響が大きかったことが、その後に恒例となった『現代思想』四月号の「教育特集」につながりました。『現代思想』四月号の「教育特集」は、二〇〇二年から二〇一七年の間、二〇一一年を除いて一五回も組まれました。

本書は、偶然にも『現代思想』二〇〇二年四月号で対談をした斎藤貴男さんと佐藤学さん、それに私を加えた対談（『現代思想』二〇一四年四月号）で始まり、同じ号に注目していただいた斎藤美奈子さんとの対談（『現代思想』二〇一七年四月号）で締めくくられています。このことは、その時々のトピックを取り上げながらも、教育問題について通底する問題意識とアプローチがあることを示唆しています。教育現場の変容を「新自由主義と国家主義の結合」として把握し、批判的に考察するアプローチです。読者の皆さんには、その点をぜひ読み取っていただきたいです。

対談相手の斎藤美奈子さんから、『現代思想』の対談について「大内さんのライフワークですね」と言われた時には、そんなことはそれまで考えたこともなかったので少し驚きました。しかし、約一五年間継続してきたことを考えれば、極めて「的を射た」表現だったと言わざるを得ません。自分のやってきたことを再認識させられた思いです。教育現場の課題に向かい合い続け、そこから思想的テーマをくみ取って考えることを、心がけてきました。ほぼ毎年『現代思想』で優れた論者と対談してきたことが、教育研究者としての私を鍛えてくれたように思います。

『ブラック化する教育』は、嬉しいことに私の予想を上回る反響を得ることができました。優れた対談相手と、教育現場の変化と社会の構造変動との関係を考察できたことが、読者の皆さんの支持を得ることができた要因だと思います。

本書においても斎藤貴男さん、佐藤学さん、宇都宮健児さん、内田良さん、斎藤美奈子さんの五人と対談することができました。五人の方には心から感謝いたします。「教育の現在」を考える際に、これだけ優れた論者と対談できたことは、幸運以外の何物でもありません。

雑誌『現代思想』での対談を企画・編集していただいた村上瑠梨子さん、本書を完成までリードしていただいた足立朋也さん、ありがとうございました。

本書が一人でも多くの読者に届いて、「教育の現在」を捉え返し、今後の教育を考えるヒントとなることを心から願っています。

第1章 「教育再生」の再生のために

斎藤貴男 × 佐藤 学 × 大内裕和

斎藤貴男さんは経済問題から出発し、教育へも鋭いアプローチを行ってきたジャーナリストです。斎藤さんの著書『機会不平等』は、教育の新自由主義批判として極めて先駆的なお仕事で、私も大きな影響を受けました。一九九〇年代半ばから二〇一八年現在に至るまで権力や富を独占する支配層に対する真っ当な批判を継続してきた斎藤さんのお仕事に、私は常に励まされてきました。ブルーカラーやノン・エリート層への「あたたかい」視点とその立場からの反骨精神を手放さない斎藤さんの文章や発言に、共感することがとても多いです。この対談でも斎藤さんの鋭い批判は健在です。

佐藤学さんは研究者としても実践者としても、日本の教育研究を長い間リードしてきた方です。教育現場はもちろん、教育政策に対しても大きな影響力を発揮されてきました。一九九〇年代以降、新自由主義と国家主義の教育改革が進められるなか、佐藤さんがそれに反対する論陣を張り続けたことは、教育現場の悪化にブレーキをかける上で少なからぬ役割を果たしたと思います。私が教育研究者を目指して大学院に進学して以来、佐藤さんはさまざまな意味で「目標」とすべき存在でした。佐藤さんと対談をするのは今回が初めてで、私は大いに緊張し、当日は「胸を借りる」つもりでのぞみました。

第二次安倍政権の「教育再生」

大内　本日は、現在焦点となっている第二次安倍政権下における教育の問題について、教育学者の佐藤学さん、ジャーナリストの斎藤貴男さんと議論をしていきたいと思います。

お二人は、昨年同時期に安倍政権に関する本を出されました。佐藤さんは教育政策を専門とされている勝野正章さんとともに、『安倍政権で教育はどう変わるか』（岩波ブックレット、二〇一三年）を書かれました。ここでは改革を支えるイデオロギーから具体的な制度改革まで、安倍政権の教育政策全般が考察されています。斎藤さんの書かれた『安倍改憲政権の正体』（岩波ブックレット、二〇一三年）では、アベノミクス、TPP参加そして改憲と、安倍政権全体の問題点が批判的に論じられています。なかでも第三章「衛星プチ帝国の臣民を育てるために――教育は誰のものか」では、安倍政権における教育の問題が取り上げられています。

安倍政権について論じるのに最もふさわしいお二人を交えて、安倍政権の「教育再生」の内実を論じることができるのは貴重な機会であり、私も今日の討議をとても楽しみにしています。では最初に、第二次安倍政権の「教育再生」をどのようにご覧になっているのか、斎藤さんからお話いただけないでしょうか。

斎藤　安倍政権の教育政策は、安倍首相のキャラクターがありますから彼の個人的な営みにも見えます。しかしながら、実際には私が『機会不平等』（文藝春秋、二〇〇〇年）を書く以前、遡れば臨時教育審議会（臨教審）のころから連綿と続いてきた流れが、今になって花開いてしまったと考えるべきだと思います。小泉政権のころは新自由主義的性格が前面に出ていましたが、安倍政権では新保守主義が前面に出ている。ただ、その両方ともが、私たちが以前から指摘していた通りにどんどんと高まっていって、相当な段階に到達しつつあるということです。そうした問題点が安倍という一つの人材を得て、わかりやすくなっているとも言えます。

佐藤　『安倍政権で教育はどう変わるか』で指摘した通りのことが進行しています。斎藤さんがおっしゃったように、安倍政権の特徴は、新自由主義とともに新保守主義を前面に出しているという点で、従来の保守政権とは性格を異にします。この新保守主義は、アンソニー・ギデンズが以前に指摘していたように「破壊する保守」であるという点で、これまでの保守主義とは異なります。それは安倍自身もよく理解していて、つまり伝統を保持すると言いながらも、すべてを破壊している破壊的保守主義なのです。

その背景にあるものは、安倍が現実を見ようとしないことです。教育の現実ということを考えてみれば、貧困問題をはじめとして緊急の問題はたくさんあります。公教育費のGDP比については、二〇〇九年に発表されたOECD調査では対象三一ヶ国中の最下位で、平均の三分の二にも至っていない。惨状とでも言うべき、すぐにでも手を付けなければならない状態にあります。また私がとりわけ気になっているのは教師の教育レベルで、これも世界で最低レベルまで落ちています。そして親の教育費負担は世界最高レベルにまで達している。

これらに手を付けなければ、五〇年、一〇〇年先が危ぶまれます。しかし彼は一切考慮していません。その結果、就学援助と生活保護の該当者は史上最高を更新しています。これは言わば、「ゾンビの愛国主義」と呼びうるのではないでしょうか。つまりは虚妄だということです。現実に起こっている危機をまったく危機として認識しないで、逆に虚構的に作り上げた危機に一人相撲をしている。そしてここで作り上げようとしている国家は非常に保守的で、一〇〇年前の国家観に基づいています。そうしたゾンビ的性格によって、破壊的保守主義という特徴をあらわにしているのです。

大内　お二人のおっしゃる通りだと思います。安倍政権の「ゾンビ的性格」という佐藤さんからのご指摘がありましたが、時代錯誤のゾンビが暴走しています。端的に言えば、やりたい放題のことができるようになってしまったということでしょう。佐藤さんの『安倍政権で教育はどう変わるか』でも的確に指摘されているように、実証性に全く基づかない教育政策が容認されてしまっている。別の言い方をすれば、実証性に基づく議論がほとんど尊重されなくなっているからこそ、安倍政権の今のような振る舞いが可能になっているとも言えます。

学力低下問題であれ、いじめ問題であれ、教育をめぐって行われているマスメディアの議論の多くが、人々の情動を「煽る」論調で展開されている。それが実証性に基づく議論を封殺し、教育現場を追い込む新自由主義改革を促進する役割を果たしてきたのですから、マスメディアの責任は重いです。市民の側も新自由主義改革を推進するときの根拠が、「妄想と虚妄」に過ぎないことを見破ることが、困難な状態に置かれている。だからやりたい放題がまかり通ってしまうのだと思います。こうした状況は今に始まったことではなく、歴史的に積み重ねられてきて今日へと至っています。

市場化する教育の原点と「破壊的保守」

大内　では、この流れがいつ始まったかということを考えてみましょう。私は現在の教育状況は、新自由主義と国家主義（新保守主義）の教育改革によってもたらされたと把握しています。そう考えると、一九八四年に設置された臨教審が果たした役割は大きかったと言わざるを得ません。これ以降、教育をめぐる議論の構図が転換し、教育問題の原因が、国家や政治、社会とは切り離されて、学校や教員個人の責任へと集約されていく方向が決定づけられました。学校や教員へのバッシングが激しくなり、教育における「自己責任論」が隆盛を極めるようになったのです。戦後教育における「国家の教育権」と「国民の教育権」という政治的対立構図は不可視化され、どちらも「画一的」で「硬直的」な供給者として、財界や市場、そして消費者（＝保護者・市民）から批判されるようになりました。財界主導の新自由主義教育改革は九〇年代以降に本格化しますが、それ以前の臨教審の時にすでに、新自由主義を支える議論の構図がつくられていたということです。

財界主導の新自由主義教育改革の攻撃は教育領域全体に及び、その対象には教育研究者も入っていました。教育研究者をはじめとする専門家の知見は、生かされるどころか積極的に無視されました。新自由主義教育改革を批判する教育の専門家はいたものの、それは改革に十分なブレーキをかけるほどの力を持ちませんでした。保守政党や財界による改革に対する歯止めとなっていた教育の専門家や教職員組合の力が、弱体化させられたことは明らかだと思います。

斎藤さんは新自由主義に対して、一貫して優れた批判を続けてこられました。二〇〇〇年に出された『機会不平等』は、日本における新自由主義批判の先駆的な著作であり、私を含め多くの教育研究者に大きな影響を与えました。この本は、現在ではすでに古典的価値を持っていると言っても過言ではないと思います。経済ジャーナリスト出身の斎藤さんが、教育研究者よりも先に、新自由主義への批判的考察を展開することができたというのは、示唆するところが多いです。経済への理解があるからこそ、教育改革の問題性が鮮明に見えたのでしょう。斎藤さんのなさった仕事の意義はとても大きい。ただしそれは、新自由主義改革によって「教育が経済の論理に従属してしまった」悲惨な現実をも意味していると思います。

斎藤　まったくその通りだと思いますね。

今のお話を伺っていて思うことがいくつかあります。私たちは目下の〝教育改革〟なるものを見て、それはおかしいと言い、以前のほうがずっとマシだったと考えます。しかし今の状況に煽られている人々は、そうした「前」の教育を受けている人たちです。それを突き詰めていくと、結局はどちらでもあまり変わらないのではないかという絶望的な気持ちになってしまう感覚を否めません。まあ、これを言い出すとミもフタもないので、今日はやめておきますが、いずれ検討の必要があるテーマだと考えています。

八〇年代からは財界主導で、というお話がありましたが、それ以前も財界の影響は存在したと思うのです。六〇年代にも経済審議会が「教育は投資である」という主張をはっきりと打ち出していました。つまり、産業構造の変化という要素が大きいのです。高度成長期は製造業を中心とした発展でしたが、それを支えたのは中卒で集団就職をする「金の卵」たちです。しかし金の卵といっても、あまりにも知識や技能が足りないまま生産ラインに入れば、生産性は低くなりますし、安全性も低下します。ですから当時は企業がお金を出して学校をつくるような動きがあったわけです。東電学園がその典型ですね。中卒で来た金の卵を勉強させて、高卒資格を取得させた場所です。東電学園は文科省が認可した学校ではないので、財界の出資で設立された科学技術学園高等学校という制度による試験を受けることで、高卒資格を与えていた。

こうした制度は教育機会の平等という理念にもシンクロしていたのですが、八〇年代から九〇年代にかけて、国内の生産現場が安い労働力を求めて次々と海外移転をしていきます。国内に残ったのはサービス業ばかりで、そこでは知識や技能は必要とされなくなりました。逆に、そうしたものを半端に持っていられては迷惑だというのが、経営者の発想の主流になります。マクドナルドが典型ですね。そこでは、窓口に来た客が「チーズバーガーを五〇個下さい」と言っても、店員は「お持ち帰りですか、お店で召し上がりますか」と聞かなければならない。誰がどう考えても客がその場で五〇個食べるわけはないのですが、とにかくマニュアルに従って行動をしなければならず、マニュアルに従うには知識などないほうがいい、という発想。

つまり、以前から財界の教育への介入はあったのですが、求める人材観の変化があったということです。

佐藤　斎藤さんが指摘されたグローバリゼーションによる経済構造の変化は、もっとも大きいファクターとして存在していたと思います。一九九二年から二〇〇二年までの一〇年で、日本は産業社会からポスト産業社会へと移行したと私は考えています。この間、高卒の求人数は激減する一方で、産業構造の転換が起こっている。

このときに、教育改革も失敗をしたのです。グローバリゼーションを前にして、すべての人々が社会参加を保障される社会を作るのか、一部の人間だけが参加をして他は排除されていく社会を作るのかという分岐点に立たされたのですが、日本はそこで前者を選ぶのではなく、後者を選択した。かなりの部分の人が低賃金労働や非正規雇用を余儀なくされ、社会にパラサイトせざるを得ないような構造をつくってしまったのですが、この選択に対して教育は無力でした。そのことが、いろいろな問題を生じさせることに繋がったのです。

また、現在において安倍政権が独走できている要因は、小選挙区制の存在にあると思っています。小選挙区制によって民主主義は機能しなくなりました。これが政治構造の根本に横たわる問題です。安倍政権やそこに同調するメディアの動きを見ていると、政治不信という点で国民とシンクロをしています。この政権ほど、政治に対する不信化を前面に出した権力は存在しません。政治と民主主義に対して徹底的な不信感を表明しており、それが妙なかたちで国民の感情とシンクロをしている。現在に対する不満や鬱憤、あるいは政治に対する無力感といったものを、強大な権力によって克服する道を示そうとしているのが安倍政権で、それは一面では非常に政治的に見えますが、その本質にあるのは政治を解体したいという欲望です。政治自身が、政治の機能を徹底的に崩壊させている。こうした意味でも「破壊的」ですね。

斎藤　精神科医の斎藤環氏が言っている「ヤンキー政治」ですね。

大内　一九九二年から二〇〇二年に産業構造の転換があったという佐藤さんのお話がありましたが、私もこれは重要な転換点であったと思います。小選挙区制の導入が、安倍政権の暴走を可能とする政治的条件となっていることもその通りでしょう。

斎藤さんが指摘された通り、臨教審以前から財界は教育への介入を、イデオロギーの面でも具体的な政策の面でも行っていました。しかし、やはり臨教審以前と以後では重要な違いがあるように思います。自分のことを振り返ってみますと、一九六七年に生まれた私が最初に教育問題に関心を持ったのは、八〇年代前半の高校生の頃でした。当時、私が関心を持ったテーマは管理教育です。愛知県や千葉県の管理教育が、雑誌『朝日ジャーナル』でも詳しく取り上げられていました。保坂展人さん（現世田谷区長）の「内申書裁判」に関心を持ち、鎌田慧さんの『教育工場の子どもたち』（岩波書店、一九八四年）を、興味を持って読んでいました。ここでの私の問題意識は、厳しい校則や内申書による管理教育が、生徒の自由を奪っているということです。その管理教育が、佐高信さんや奥村宏さんが批判していた「会社主義」を支えている。両者を繋げているのが「学歴主義」であると、当時は批判していました。管理教育や会社主義を「自由」を抑圧するものとして批判しなければならないと感じていたのです。

斎藤　最初はね（笑）。

大内　そうです。「個性」や「柔軟性」を称揚する新自由主義を批判している現在の私とは、かなり違っています（笑）。でもそれは私が転向したのではなく、教育をめぐる状況が大きく変化したということだと思います。

作家の雨宮処凛さんは、『教育工場の子どもたち』の著者である鎌田さんがトヨタを取材したルポルタージュ『自動車絶望工場』（講談社文庫、一九八三年）を読んだ感想として、現在の若年労働者から見れば、ここに出てくる労働者はまだ恵まれているように見える、という趣旨のことをおっしゃっていました。仕事を失えば住居を含めた生活全体が奪われてしまう状況が広がっていることなど、新自由主義によって労働者が置かれている状態が一層厳しくなっていることを痛感します。ただし、教育について考える際に重要なのは、かつてより良い／悪いということではなく、教育と労働市場との関係が変わったことだと思います。

『教育工場の子どもたち』に登場する生徒たちは、管理教育のなかで強い抑圧にさらされています。『自動車絶望工場』で描かれているように、卒業後に働くトヨタの労務管理はとても厳しい。しかし学校卒業後に正社員として雇用され、一定の給与が保障されています。

斎藤　とりあえず食えたということですね。

大内　そうです。学校で抑圧的な管理教育を受けた後に、正社員として厳しい会社生活を送る。こうした前提が変わってしまったということです。

佐藤さんが産業構造の転換期と言われた一九九二年からの一〇年間のなかで、九五年の日経連による『新時代の「日本的経営」』が出され、労働力の三分類＝差別が提案されたことは重要な意味を持っています。「長期蓄積能力活用型グループ」「専門能力活用型グループ」「雇用柔軟型グループ」の三つのなかで、戦後の男性労働者の主たる部分を占めてきた「期限の定めのない」雇用は、「長期蓄積能力活用型グループ」だけです。大多数の労働者を「期限の定めのある」有期雇用に叩き落とすというのが、『新時代の「日本的経営」』の主旨です。

九〇年代に入ってから「個性重視」や「ゆとり教育」という名の新自由主義改革が進められました。そこで重大なのは、「個性重視」や「ゆとり教育」を、多くの教育学者が賛成であれ反対であれ、教育のなかだけの問題として論じてしまったということです。このことが重大な誤りであり、斎藤さんのお仕事との決定的な相違であると思います。「ゆとり教育」による学校五日制と、『新時代の「日本的経営」』による労働力の三分類は完全に繋がっていたのです。「ゆとり教育」の内実は「公教育の縮小」ですから、出身階層による教育格差は拡大します。教育のなかでいくら「ゆとり」といっても、それは卒業後に有期雇用の「雇用柔軟型グループ」に向かう「自由」を拡大させているだけですから、労働力の差別化を促進する役割を果たしていることになります。九〇年代の教育における新自由主義改革は、実は教育の出口である日本型雇用の解体や労働市場の劣化と連動していたのであって、そこに注目しなければならなかったのです。

それまでの日本型雇用と結びついた学歴社会の構造、つまり一定の学校を卒業すれば就職ができて、一定の生活ができるという関係そのものが崩れていきました。学力低下、学習意欲や規範意識の低下というかたちで噴出してきた現象は、教育問題というよりも労働問題だったのですが、マスメディアはそれをあくまで教育問題として報道する傾向が強かった。それに対して「ゆとり教育」批判や学力向上キャンペーン、道徳教育の強化といった議論が盛んに行われて、誤った方向での改革が行われました。しかし根本にある労働問題に目を向けなければ、適切な対処にはなりません。八〇年代まではさまざまな問題を抱えながらも成立していた「学校から職業への移行」が、九〇年代以降はまったく成り立たなくなったところに根源的な問題があるにもかかわらず、そのことが適切に指摘されてきませんでした。

「保守」と「ナショナリズム」の変容と台頭

大内　もう一つ、安倍政権の性格との関わりでも指摘したいのは、九〇年代から二〇〇〇年代にかけて、日本版の歴史修正主義が登場したということです。九〇年代に入ってからの「自由主義史観」の登場、九六年の「新しい歴史教科書をつくる会」の結成はその画期でしょう。その後、「新しい歴史教科書をつくる会」は中学校の歴史・公民教科書を作成し、公教育に歴史修正主義が導入されることになりました。

歴史修正主義が登場した時、私は大きな問題だとして強く反対しましたが、当時はその考え方が自民党の主流ということはなかったでしょう。しかし、現在では完全に主流になってしまっています。安倍晋三は九三年に初当選してすぐに自民党の「歴史・検討委員会」の委員となり、九七年二月に結成された「日本の前途と歴史教育を考える若手議員の会」の事務局長に就任するなど、一貫して党内きっての極右歴史修正主義者として歩んできました。その安倍首相と側近が現在の自民党のヘゲモニーを握っているのですから、その変化は明らかです。昨年末の靖国神社参拝以来のアメリカとの摩擦は、安倍政権が「嫌中」「嫌韓」であるばかりか、第二次世界大戦後の国際秩序にすら挑戦し始めている兆候を示しています。

九〇年代と現在とを比べると、自民党は保守政党としての拡がりを失っています。小選挙区制は党の権力を増大させますから、自民党の中央集権化が進行しました。その過程で、九〇年代までは存在していた自民党内のイデオロギーの多様性が奪われて行きました。主導権を握ったのは「極右」です。選挙での自民党の勝利や安倍政権の登場を「保守化」と表現するメディアもありますが、これは違うと思います。佐藤さんが指摘されたように保守というよりは破壊的保守であり、今や極右と呼ぶにふさわしい状況だと思います。

斎藤　「保守」が何を示すかが本当にわからなくなってきましたね。あらかじめ結論めいたことを述べるならば、安倍のナショナリズムは非常に屈折したものです。しかしこの屈折はアジアでもっとも早くに近代化を成し遂げた日本の保守に通底したものであり、そこには白人の御主人さまに頭をなでられたいという感情が常に存在してきました。近代の世界観にあっては西洋世界にはどうやっても敵わないのだけれども一生懸命に追随する。そしてその屈辱に対して、「武士道」といったものを無理やり主張することで代補してきた。新渡戸稲造の『武士道』ははじめ英語で書かれたものですが、それは自分のアイデンティティを証明することを目的に意識的に打ち出されたものでした。戦後もずっと続いていたそうした屈折が極端に拡がってしまっている状況が、現在の状況だということでしょう。

靖国、日の丸・君が代、慰安婦問題……いずれもそうした屈折による問題だと思います。私自身、元々フジサンケイグループの『日本工業新聞』や『週刊文春』に所属してたぐらいですから、保守的な考え方が嫌いなわけではありません。しかし現在においては、「自然な保守」という感覚がなくなっています。健全なナショナリズムではなくて、いつもアメリカに言うことを聞かされている使い走りだから、どこかで「俺はそんなんじゃない！」と言いたいのだけれども、そこでは頼りにする歴史を、同じ帝国主義の文脈から持ってくるしかない。昔の日本は帝国主義国家として凄かったんだぞと主張することになり、そのなかで韓国と中国をいまだに見下して差別することになる。しかし韓国も中国も昔のままではないから、簡単にやり返される。

ケネス・B・パイルの『欧化と国粋』（講談社学術文庫、二〇一三年）は徳富蘇峰の精神史を辿った研究ですが、読んで非常に腑に落ちるところがありました。歴史に疎い私は名前くらいしか知らなかったのですが、蘇峰はもちろん大日本言論報国会の会長まで務めた人物です。しかし『国民新聞』を創刊した当時は、すべて欧米の真似をして、日本的な文化を根絶することまで主張していた。それがだんだんと辛くなっていって国粋主義者となっていったわけですが、この蘇峰の繰り返しを延々と続けているのが、日本の近現代史なのではないでしょうか。

近代化が成功する過程で西洋に追随する屈辱に耐えられなくなって帝国主義へと転換するのですが、その大日本帝国が原爆を落とされて一からやり直すこととなった。そして今また屈辱による屈折が高まってきているのですが、昔との違いはそこにある程度の自覚がありながら、アメリカに服従することは絶対に止めようとはしない点です。アメリカに服従を続けながら、その手のひらの上で威張りたいという「衛星プチ帝国」なのです。

ですから、安倍の靖国参拝に対しても、本来であればさらに苛烈な抗議がアメリカからなされたはずです。そこには真珠湾攻撃の親玉が祀られているわけですからね。しかし常に服従してくれる安倍はアメリカにとっても非常に便利な存在であり、気持ちよく仕事をしてくれていればそれでいい。コップのなかで嵐を起こしている分には赦してくれるけれども、やり過ぎると面倒になるから叱られるということです。その分よけいに服従を強いられさえしていく。

これはあまり考え過ぎると、人間でいることすら嫌になるほどの辛い話だと思いますね。それが教育のように、素人が何かを言えてしまう分野においてもっとも集中して現わされている。

教育は誰しも一度は受けたことがあるから、教育問題については専門家でない素人でも発言できるという感覚がある。経済問題であれば門外漢には語りづらくとも、教育については何かを言える気がしてしまうという悲劇があると思います。

佐藤　保守主義でありながら保守ではないというお話でした。それに繋げて述べますと、先日テレビで、野中広務と古賀誠が興味深い主張をしていました。

それは、外国から軍国主義者と思われるような政治家は政権をとるべきではないという発言でした。戦争の反省を含まない政治家は存在してはならない、というのが自民党・保守のオーソドックスな姿だったのです。安倍とはまったく違うあり方ですね。

また、安倍政権はナショナリズムに傾斜しているという批判がよくなされますが、この「ナショナリズム」も、保守同様に従来のものとは性格を異にします。安倍を基礎づけている原理は屈辱感です。同世代の日本人のなかで、彼ほど屈辱感にまみれて暮らしてきた人間はいません。そのことが根幹にあるから、彼は人の話をまったく聞きませんよね。それはテレビを見ていても簡単にわかることです。

そうした屈辱感だけで生きてきた人間にとって、ナショナリズムとは彼自身が繰り返して言うように、自信と誇りのことなのです。だから妙なことは往々にして起こります。愛国心を大切にする「愛国者」と名乗りながら、日本人のことを大切にしていないでしょう（笑）。日本人の七割以上が反対している原発の再稼働を無理やり進めていますし、賛成が三割しかいない集団的自衛権の憲法解釈を強行しようとしています。こうしたあり方は、従来の愛国者の振る舞いとはまったく違っています。私から考えると、一種のジョークになっているのです。愛国心を持たない愛国者。それが安倍でしょう。なぜそうした振る舞いがまかり通っているのかが考えられなければなりません。

私が見るところ、そこには二つの問題があります。一つは、彼の持っている屈辱感が、国民のなかのある層とシンクロを起こしているということです。日本の経済が停滞し、国力が失墜している一方で、アジアの近隣諸国が台頭してきたという状況が二〇年間続いていますが、そこで芽生えた危機意識や傷ついたプライドを抱える人々とのあいだで妙なシンクロが起こっている。そうした感覚は、書店に行けば非常によくわかります。中国・韓国関係の本の九〇パーセントは、もはや手に取るにも堪えないような代物です。そうした代物がどれだけ売れているかは別問題として、この現象は、安倍の長年の孤立した屈辱感とこのシンクロのなかでつくられたものであることは、把握しなければなりません。

もう一つは、そうした現象をつくり出している装置としてのメディアの役割です。まっとうな議論が通らないようなメディア状況が存在しているということです。ＮＨＫや朝日新聞といったメディアを含めて、二〇〇一年から二〇一〇年までのあいだで大きな構造転換が起こりました。これはシステムの問題なのです。

斎藤　それは、安倍の屈辱感が国民のある層とシンクロしているという現象に含まれるのではなく、メディアに独自の背景を持っているということですか。

佐藤　日本における行動右翼は、九一年にすべて崩壊しましたね。それ以来、日本に本来の右翼は存在していません。本来の右翼というのは、私に言わせればもっとまっとうな存在で、政治などに手を出したりはしない。

斎藤　ええ。

佐藤　彼らが現在も残っていれば、今の状況に対して怒り狂ったと思いますよ。しかしそうした本来の右翼は姿を消し、それに代わって登場したのが歴史修正主義者たちです。マーケットに参入して商売を始めてしまった。私は「マーケット右翼」と呼んでいます。またアメリカのノンフィクション作家ノーマン・メイラーは、イラク戦争のときに一変したナショナリズムを指して、「フラッグ・ナショナリズム」と呼びました。これは非常に正しい分析です。

つまり、日本やアメリカに留まらず、中国や韓国のナショナリズムも、現在このフラッグ・ナショナリズムになっているということです。自信と誇りを維持するだけの虚構としてのナショナリズムです。これをどのように見るかというのが、次の問題です。極めて危険なものとして警戒するのか、メディアの状況によって浮かび上がった浮草のようなものとして捉えるのか。

いずれにせよ、安倍ほど屈辱によって生きてきた人間はいないということは、まず押さえるべきでしょうね。

斎藤　弱い犬ほどよく吠える。

佐藤　もう、度し難い被害者意識ですよね。被害者の語りをすることで権力性をむき出しにすることは現代の権力の特徴かもしれませんが、安倍政権の性格に非常に接合して、現状を作り出しているのです。

大内　とても興味深い状況ですね。野中と古賀という自民党の中枢にいた人間が、「軍国主義者に政権をとる資格はない」とテレビで発言しているのですからね。

斎藤　なんだか立派な人に見えてしまう（笑）。戦争は嫌だと言ってくれたというだけで、私なんか、もう嬉しくて。

大内　野中と古賀は共産党の機関紙『赤旗』でも、安倍政権の危険性や憲法九六条改正論への批判を行っています。これは最近まであり得なかったことでしょう（笑）。野中と古賀の近年の言動は、自民党の変質を如実に物語っていると思います。新自由主義推進以前の自民党は、「開発主義」保守政党としての性格を強く持っていました。そもそもは自主憲法を党是として五五年に出発した自民党は、六〇年安保闘争に見られる民衆の強い平和意識を考慮して、六〇年代以降は明文改憲を避けるようになり、もっぱら経済成長に力を注ぎました。経済成長を後押しする一方、地方では公共事業による開発を行い、農業や自営業などの非効率部門に対しては補助金を出すことによって、地方や農業、自営業層の支持を獲得し、長期政権を維持しました。日米安保体制の下で「専守防衛」の自衛隊を拡充し続けながらも、それは憲法の「枠内」で行うというのが、九〇年代までの自民党の政策でした。外交は日米安保が基軸で、アジア社会との協調は不十分なものでしたが、戦争体験を持つ国会議員の存在もあって、戦争は可能な限り避けるというのが、自民党内でも広いコンセンサスを得ていたと思います。

斎藤　外国ではなく、日本国内の自然を壊してカネをもうけるという路線ですね。

大内　そうですね。それが九三年の小選挙区制導入によって変わりました。党中央の権力が強まると同時に、社会党の解体によって構造改革による矛盾が革新政党への政権交代に繋がる危険性も低下しました。小選挙区導入後の橋本龍太郎政権は「六大改革」の下、財政構造改革で大幅な歳出削減を行い、大店法を廃止して自営業保護を打ち切り、消費税を五パーセントにアップさせるなど、「開発主義」から新自由主義への移行を本格的に進めました。その後の二〇〇〇年代に登場したのが、新自由主義を急進的に進めた小泉政権です。この過程で自民党の開発主義から新自由主義へと転換すると同時に、野中、古賀、河野洋平、加藤紘一など中国とパイプを持つ政治家の引退・落選が続き、外交政策においても好戦的なタカ派が台頭することになりました。

貧困と棄民化

大内　そして安倍の屈辱感の問題は、彼の政治家としての実体験や自民党の下野とも関係がありますね。安倍は「任期中の改憲」を唱えながらも二〇〇七年の参議院選挙で大敗を喫し、政権を途中で放り投げています。その後、政権交代によって自民党が野党となったことは、党のあり方に大きな影響を与えたように思います。自民党が野党になると、公共事業や補助金など予算配分による利益誘導が不可能となります。すでに九〇年代における新自由主義の推進によって利益誘導の力は弱体化していましたが、野党となったことはそれを決定づけました。利益誘導に代わって、新たな統合装置として登場したのが、強力なナショナリズムを特徴とする極右イデオロギーでした。野党となってしまったことの屈辱を晴らしたいという願望も、極右イデオロギーの台頭に力を与えたと思います。ここには、与党民主党との差異化を図るという思惑もあり、また竹島・尖閣諸島など領土問題の浮上は、極右イデオロギー台頭の促進剤となりました。

二〇一〇年に自民党は新しい綱領『新しい綱領　新たな出発』を作成しました。綱領の副題は「夢と希望と誇りを持てる国・愛する日本を目指して」とされていて、日本への帰属意識と愛国心がベースとなっていることがわかります。その後二〇一一年に、自民党は中長期政策の方向性を定めた「日本再興」という報告書を作成しています。この「日本再興」では教育における家族の重視が主張され、教育の日教組支配と自虐的な歴史観に基づく教科書という現状認識とそれらへの批判が行われるなど、極右イデオロギーが全面展開されています。安倍は二〇〇七年の参議院選挙敗北とその後に自民党を下野させた重要な責任者の一人なのですから、普通に考えれば容易には復活しないはずです。しかし、自民党が方向転換するなかで、再び浮上してくることとなりました。

もう一つのポイントは、橋下・維新の会の台頭です。二〇〇八年に大阪府知事に就任した橋下徹は、二〇一〇年に地域政党「大阪維新の会」を結成し、代表に就任しました。二〇一一年の「第一七回統一地方選挙」では、大阪府議会では単独過半数、大阪市議会と堺市議会では議会第一党となるなど圧倒的な強さを示しました。

橋下・維新の会は、政権交代後の民主党政権への幻滅によって民主党支持から離反し、かといって自民党を支持することもできない人々を惹きつけました。また、自民党や民主党よりも急進的な構造改革を期待する財界・支配層も大きな期待を持ちました。自民党とも民主党とも異なる「第三極」として、橋下・維新の会は認知されたのです。

大阪における橋下・維新の会は、国政において民主党が力を失っていくなかで大きな力を持ち、橋下は二〇一二年九月には大阪維新の会を母体にして、国政進出のための日本維新の会を結成しました。早期の政権復帰を目指していた自民党にとって、過半数を確保するために日本維新の会と連携をするというのは重要な選択肢の一つでした。急進的な構造改革と改憲を志向する橋下・維新の会と連携できる存在として、党内きってのタカ派である安倍晋三がクローズアップされることとなりました。自民党の極右政党化と橋下・維新の会の台頭が、第二次安倍政権を準備したのだと思います。

安倍の屈辱感がある種の人々とシンクロするという佐藤さんの御指摘も、まったくその通りだと思います。二〇一四年二月一五日の『朝日新聞』のインタビューで、映画監督の是枝裕和さんが「二分法の世界観」というお話をされていました。六割の票しか取っていない与党は、自分たちに投票しなかった四割のことを考えて政治をするのが民主主義のはずなのに、勝てば何をしてもよいという感覚になっていることを是枝さんは的確に批判しています。この「二分法の世界観」をもっとも表に出して政治を行ったのが、橋下・維新の会でした。敵か味方か、守旧派か改革派かという二分法を出して、人々の間の対立を煽り、分断による政治支配を行いました。こうした乱暴な方法であるにもかかわらず、橋下・維新の会が選挙で圧倒的な強さを示したのは、彼らの主張にシンクロする人々がいたからでしょう。確かに「橋下劇場」に群がったマスメディアの責任は重いですが、それだけが橋下・維新の会が支持された理由ではありません。大切なことは、あの「二分法の世界観」を歓迎する人々が大勢いるという事実です。また貧困化や雇用の不安定化にともなう社会的承認の不足は、「強い日本」やナショナリズムに吸い寄せられる人々を増加させています。これは近年における極右の台頭とも関わっています。

フリージャーナリストの安田浩一さんは、話題の本『ネットと愛国』（講談社、二〇一二年）の「九　在特会に加わる理由」で、どうして人々が在特会に惹きつけられるのかを考察しています。安田さんは在特会が疑似家族としての雰囲気を漂わせており、人々にとってそこが「帰る場所」となっていると指摘しています。在特会のメンバーにとって重要なことは、活動を通して自分が「認めてもらえた」という感覚です。

九〇年代以降の新自由主義は若年層の雇用を奪い、多くの若者が承認欲求を満たされず、強い被害者意識を持たざるを得ない状況に置かれています。そんな彼らが飛びつきやすかったのが、在日の特権を批判し、日本人であるという揺るぎのない「所属」によって自己の承認欲求を満たしてくれる在特会の主張だったのではないかと思います。そういう点から言うと、安倍政権への共鳴板は、九〇年代以降の新自由主義的な社会の変化のなかでつくり出されてきていて、だからこそ今支持されている。

斎藤　そういう意味では、もう橋下の役割は終わった。所詮は露払い役ですから。

大内　極右の安倍第二次政権を誕生させたことで、その役割をある程度終えてしまったように思います。

斎藤　安倍の屈辱感とシンクロする層というのは、つまり、若者たちということですか。私は支配階層と末端の両方かなと思うのですが。

佐藤　そこは複雑でしょうね。大内さんが言った問題は私も気になっています。なぜ政治が機能しないのか、あるいは屈辱感に苛まれ、しかしプライドと自信だけは取り戻したいという動きが起こるのかということの一番根っこにある問題は、棄民化だと思います。グローバリゼーションによって先進諸国のなかに第三世界が登場している。

私は安倍政権の今の方向性をずっと突き詰めていくとどの国のようになるかというと、北朝鮮ではないかと思います。なぜ最も毛嫌いする北朝鮮の政権のやり方に限りなく近づいていくか。典型的な開発独裁政権で、さながら六、七〇年代のアジアの政権の運営の仕方ですよね。一方で経済開発をアピールしながら、国家的なコントロールを強めていく。

とにかく日本国内の第三世界化が進んでいること、これが構造的な問題です。グローバリゼーションによるナショナリズムの高揚と捉えられがちですが、私はそうではなく、グローバリゼーションによる第三世界の内在化、これがつくり出す開発独裁型への志向を見ていくべきだと思います。

大内　第三世界の内在化によって棄民化された人々が、社会的承認や日本人としての誇りを求めるということですね。

斎藤　拠って立つところが同じ日本人だということ、あるいは日本は経済大国だということしかない。

佐藤　それと同時に、あらゆるものに対して引きこもり状況にある。政治不信、権力志向もある。

斎藤　差別意識は昔からいろいろあったでしょうけれど、在特会ほどに下劣で恥ずかしいものはさすがにあまり表には出てきにくかった。あれは他者を意識していない引きこもりの表れですよね。

官僚主義の崩壊と政治の機能停止

佐藤　教育との関係で言うと、ここまで暴走を許している背景には、官僚主義の崩壊があるのではないでしょうか。よく官僚主義批判はなされますが、日本の官僚は政策能力をもっと持っていたはずです。それがほとんど機能していない。一九九一年に政策秘書を置きましたね。政治家が官僚をコントロールするのであって官僚が政策を決定するのではないとしたのですが、あれ以降官僚が政策能力を失ってしまった。そうすると、健全な意味での官僚が機能しなくなる。
一番被害に遭ってきたのが教育です。今回の教育再生会議以降の流れを見ても、文部官僚はみな政治家と一体になってしまいました。政治家の暴走はいつでもあるわけで、従来は、それに対して文部官僚と中教審がある種の調和を図ってきていました。これが機能しなくなった。文科省と中教審による歯止め機能が崩壊していることも今の教育再生に関わる政策をあそこまでファッショ的に進める背景になっていると思います。

斎藤　私などは官僚が政策能力を失ったのはグローバリゼーションによって既得権益が侵されることに対してどう逆手に取るかということにだけエネルギーが費やされた結果なのではないかと思ってしまいます。

佐藤　政策能力を最も落としたのは外務省と文部科学省でしょう。この二つは政治家のバックグラウンドが弱かったところです。要するに、利害に関わらなかったからです。そういう一番弱い官僚機構が政策能力を崩壊させ、今の混乱を招いてしまった。ですから官僚に対する政治批判を徹底させてきたことで一つの結末が露わになってきた。

大内　「官から民へ」という議論の構図が八〇年代に登場し、九〇年代以降には「民間活力」の名の下に規制緩和が進みました。それに加えて、官僚主導に代わって「政治主導」を唱える新自由主義政治によって、それまで官僚が持っていた一定レベルの政策能力がことごとく潰されていきましたね。

佐藤　良識も、ですね。

斎藤　教育委員会の権限を首長に移すという考え方もそうですよね。

佐藤　まったくそうです。

大内　政治主導・財界主導になっていくのとパラレルに、官僚の政策能力が低下していきました。

斎藤　政治主導イコール財界主導になってしまいました。

佐藤　ただ財界も力を失っていますでしょう。財界の政治的発言力がまったくない。リーダーたちを見ればわかるように、教養も、政治的感覚も、ここ二〇年ほどで度し難いほどにレベルが落ちている。

斎藤　経済記者出身の物書きとして言わせてもらうと、私は最初に学校を出て鉄鋼業界を担当する重工業記者会に入りました。経団連ビルの三階に記者クラブがあったこともあり、当時の経団連の会長だった稲山嘉寛さんの記者会見に出たことがあるのですね。小柄な人なのですが、そのオーラに圧倒されました。それから三〇年くらい経って、キヤノンの御手洗さんが会長になったわけですが、彼ときたら財界人ではなくそのへんの会社の係長さんという感じですね。

産経労組をつくった松沢弘さんは私の先輩なのですが、このあいだ彼に「斎藤くん、やっぱり経団連のトップは日鉄か東電じゃないとダメだよなあ」と言われました（笑）。いかにも経済記者らしいギャグですけど。

大内　そういうことはどうして起こったのでしょうね。教育学的な関心から言わせてもらうと、財界でも人が育たなくなっているように見えます。

斎藤　稲山さんのような人が育った環境は、それこそ封建時代の「いいところ」の子しか学校へ行けなかったような環境でしょう。それがある程度機会均等になり、小粒になったという言い方も成り立ってしまう部分はある。そういうと、自分を攻撃しているようになってしまいかねないのですが。でも本当のところはわかりません。私が考えるエリートとは、どんな育ち方をしようが勝手に伸びるものであって、環境に左右されているようではそれだけで人の上に立つ資格はない。ましてや人為的に養成された〝エリート〟など、思い上りの塊になりそうで、恐ろしすぎます。

教育行政の行方

大内　第二次安倍政権の「教育再生」について具体的な話に入りましょう。官から政治主導という改革は進み、教育行政に対する攻撃も進んできています。第一次安倍政権が行った教育基本法改悪で、一九四七年の教育基本法第一〇条（教育行政）の条文が変えられました。改悪された教育基本法第一六条でも「教育は、不当な支配に服することなく」は残されたものの、一九四七教育基本法第一〇条にあった「国民全体に対し直接に責任を負つて行われるべきものである」という部分が削除され、その代わりに「この法律及び他の法律の定めるところにより行われる」が書き込まれました。これによって教育内容の法定化が可能となります。政治や行政による教育内容・現場への介入を容易にしたのが、第一次安倍政権による教育基本法改悪でした。

第二次安倍政権は、二〇一四年通常国会で、さらにはっきりと首長が教育行政に対して権限を持つという内容の法案を提出しようとしています。すでに二〇一二年頃から自民党では教育委員会制度の廃止は提言されており、この法案がその方向で提出されようとしていることは明らかです。橋下・大阪維新の会は二〇一一年に、首長が教育目標を設定するという教育内容への政治介入が明確である教育基本条例を発表しましたが、第二次安倍政権の政策はこれを全国化することを狙っています。この教育委員会問題についてはいかがでしょうか。

斎藤　橋下もそうですが、民主党政権も言っていましたよね。

大内　そうです。民主党の二〇〇九マニフェストでは、教育委員会の廃止と学校理事会の設置が提案されています。二〇〇九年の政権交代以来、教育委員会廃止の議論はずっと続いています。

斎藤　そこでは日教組がバックにいたのに、それでもやるというところが異常だったと思うのですが、今は橋下や石原慎太郎・前東京都知事のやり方を全国化するということですよね。逆に共産党の人が自治体のトップになったりすれば、またコロッと変わるわけですよね。そうすると、そもそも大前提にあるのは徹底的な無責任だということになりませんか。何年に学校に入ったかによって、また地域によって、全然違う教育を受けることになるわけですから。

佐藤　グローバリゼーションは脱・中央集権化として教育行政を設定します。ただし日本の場合は非常に特殊性があって、脱・中央集権化が都道府県の首長の権限強化に繋がっている。それを背景にして橋下が登場してきた。だから皮肉な事態が起こっているのです。脱・中央集権化によって本来自律性が強化されなければならないのに、日本だけが逆に学校や教師の自律性を狭めてしまって、官僚的統制が強まっている。その背景には、都道府県の首長への権力の集中があります。

とはいえ、脱・中央集権化自体は全体の政策動向として実は安定していたはずなのです。驚くかもしれませんが、今から十数年前、自民党は教科書検定制度廃止を議論しています。今度は逆ですね。この転換のなかには、今の脱・中央集権化をめぐる政策的混乱がある。

大内　斎藤さんが言われた「もし共産党が自治体のトップになったら」ということは、自民党もちゃんと考えているようです。今回提出される法案では、首長の権限を強化すると同時に文部科学大臣が教育行政に関して教育委員会に是正の要求指導を出す要件を緩和し、国の関与を強めるということも含まれていると報道されています。自治体レベルでの抵抗を中央でコントロール可能とする手立ては、あらかじめ考えられているようです。

脱・中央集権化が混乱を来しているという佐藤さんのご指摘について、日本の場合に、新自由主義に沿った分権化であることをおさえる必要があります。九三年の第三次行革審最終答申では「国から地方へ」の分権化が、「官から民へ」の規制緩和と並べて掲げられています。分権が権力の分散ではなく、国家レベルでのナショナル・ミニマムを解体し、人々の生存権や社会権を切り捨てるために行われています。何しろ「社会保障と税の一体改革」という名目で消費税増税を決めたにもかかわらず、実際には社会保障には使わずに、公共事業に回してしまうような政治状況ですからね。福祉や社会保障の削減は加速度を増しています。三位一体の改革で地方交付税が削減されて多くの地方自治体が疲弊しているのに加えて、国は「分権」の名で地方に医療や福祉、教育の責任を押し付けようとしています。「分権」されても十分な財源がないのですから、各自治体は自ら積極的に新自由主義政策を推進せざるを得ない。地方を新自由主義の積極的な推進主体とすることによって、ナショナル・ミニマムを解体することが狙われています。

福祉国家の課題を自治体に転嫁し、首長によるトップダウンを可能とする「自治体＝総合行政体論」が優勢になっています。医療や福祉の分野では、これによって構造改革が一気に進みました。佐藤さんが言われたように教育行政は、首長から独立した教育委員会の所管に属しているので、小中学校の統廃合や学力テスト点数公表に抵抗するなど、教育的価値を尊重する立場から構造改革に一定のブレーキがかかっています。

新自由主義推進派の知事や市長が多い現在の政治情勢で、教育行政に対する首長権限を強化したら、これまでの歯止めがなくなり、教育についても格差化が一気に進んでいくと思います。このように新自由主義に沿って地方分権化が進んでいるところが、海外での脱・中央集権化と違うところだと思います。橋下・維新の会はその典型でした。

斎藤　海外がそうならないというのはどうしてなのでしょうか。

佐藤　市場原理主義がそこに入っていないからです。あくまでも権限とオートノミーの分散ですから。例えば教師が教科書を選べないなんていうのは中国と日本くらいしかありません。学校の財政・予算・人事に関してきちんと意見が言えるかどうか、校長選出にどのように教師の意見が反映されるか、授業時間数をどのように決定できるか、といったような項目で見ていくと、日本はことごとく最低です。OECD生徒の学習到達度調査（PISA）の発表のときに、この調査結果が付随的に翻訳されていない。つまり、脱・中央集権化が脱・中央集権化として機能しておらず、先ほど言ったように、都道府県の首長の権限強化にしかなっていない。この問題はとても大きいですね。

なぜそうなるかという背景についてはいろいろありますが、教育委員会の問題にだけ限って言うと、議論が非常に乱暴なのですね。教育委員会といっても三つくらいに分けて考えなければいけない。一つは都道府県の教育委員会がどう働いているかという問題です。それから二つ目は政令指定都市の教育委員会。そして三つ目が市町村の教育委員会。このうち一番機能していないのが政令指定都市の教育委員会です。なぜそうなるかというと、例えば横浜市などは約六〇〇校あるわけで、一つの教育委員会では支援のしようがないのです。一方、三〇から五〇校の平均規模の教育委員会は機能しています。全国首長・教育長のアンケートなどでは、七割以上が現行のままがよいとし、改正案に反対です。それは今のほうが機能すると判断しているからです。政権はこれらの声をまったく無視して改革を進めようとしている。なぜ政令指定都市の教育委員会がうまく機能しないのか、都道府県の教育委員会がきちんと現場を支えられていないのか、それを議論するべきです。

大内　分権化という名で首長への集権化が進んでしまっています。分権の本来の意味であれば、各学校や一人ひとりの教員に決定権が移譲されるべきであるのに、そうはなっていません。

佐藤　分権化は世界の趨勢で、グローバリゼーションは脱・中央集権化を推進する。安倍政権はこれに危機感を持っている。義務教育の全額国庫負担を言っていますが、あれは全面的な権限を国家に集中するためです。

大内　その意味では、第二次安倍政権の教育政策は反分権ですね。

佐藤　明確に反分権です。この点で世界の趨勢と逆行しています。まるでゾンビだし、六、七〇年代のアジアの開発独裁型の政権を目指しているとしか想定できない。

斎藤　新自由主義を強権的な中央集権でやろうという感じですね。ピノチェト時代のチリみたいに。

佐藤　そうですね、こと教育に関しては。

斎藤　教育は本来一番新自由主義に馴染まない分野ですから、他のものより周回遅れで進んでいる感じですよね。

佐藤　医療や福祉は徹底的ですからね。

努力主義と自己責任

大内　制度的枠組みの力もあって、学校組織のレベルでの新自由主義化にはブレーキがかかっていますが、学校で働く教員や学ぶ生徒は、新自由主義に痛めつけられています。予算増をともなわない「ゆとり」教育は、教員のゆとりを奪いました。これだけ教員の多忙化を深刻化させれば、教員にとって重要な「専門的な自律性」を発揮することは困難です。市場とサービスの論理によって、公教育への不信感をかきたて、教員の専門性や経験の蓄積は軽んじられてきました。教員一人ひとりの誇りや尊厳をことごとく潰してきたのが、新自由主義改革だと思います。

調査からもわかるように、日本の学校教員の労働時間は国際的に見ても極めて長いです。この間の教育予算の削減によって給与水準も下がり、従来の仕事レベルを維持することすらできなくなってきています。教員としての仕事を自分なりの信念と方法によって実践する条件が、どんどん掘り崩されています。もう一方で、進められた情報公開は評価と結びつけられていますから、テストの点数や進学実績の上昇へ向けて、これまで以上に一元的な競争が強化されてしまいます。日本型雇用が崩れているのですから、テストの点数や進学実績が生徒の将来に与える決定力は下がっているにもかかわらず、「ゆとり教育」批判とテスト重視の教育改革によって、これまでの枠組みの下での点数や偏差値の上昇に固執することを強いられているように思います。

私は大学で教えていて痛感するのは、学生は大学に入学したときにはすでに、自己責任論を強く内面化しているということです。このことと、学生であることを尊重しない働き方を強制する「ブラックバイト」や、近年大きな社会問題となっている「ブラック企業」を多くの若者が受け入れてしまっていることは、関係しています。これだけ若年層を痛めつける働き方を仕方がないものとして受け入れてしまっているのは、教育現場に新自由主義と自己責任の論理が浸透してしまっているからでしょう。

戦後において、進学率の上昇や学歴主義の進展と高度経済成長が結びつき、「努力すればなんとかなった」こともあって、「努力すればなんとかなる」という大衆意識が、日本社会に深々と根づいています。この「努力すればなんとかなる」は、「なんとかならないのは、本人の努力が足らないからだ」へと容易に変換されます。つまり高度経済成長期に形成された努力主義は、八〇年代以降の新自由主義を支える自己責任論に簡単に接続されてしまう。「努力してもなんともならない」状況が広がっているにもかかわらず、学校教育で自己責任論を内面化してしまうのです。自己責任論を相対化できている学生はとても少数です。学校組織自体の民営化にはブレーキがかかっているものの、教員と子どもたちには新自由主義の思想が、かなり浸透してしまっているように思います。

斎藤 それは昔の学歴社会や受験戦争が批判されていた時代とも違うのですか。

大内 同じところもありますが、違ってきているところもあるでしょう。受験戦争たけなわのころは、「一定の学歴を得れば何とかなる」という構造が、かなり強固に存在していました。

学歴による職業獲得機能が安定した力を発揮するなかで、学歴は果たして本当の能力をあらわしているのか否か、学歴を獲得するための受験戦争は望ましい教育といえるのかどうかという点が、議論になっていました。学校教育の内部における矛盾が問われていたのです。

現在でも学歴社会の構造は残っていますし、受験競争も続いています。しかし、学歴社会や受験競争の社会のなかでの位置づけはかなり変わりました。新自由主義による雇用の劣化と中間層の激減によって「一定の学歴を得ればなんとかなる」という構造は、大きく揺らいでいます。この構造をいまだに信じているのは、日本型雇用が健在だった頃の経験を持っている親の世代でしょう。問われているのは学校教育の内部ではなく、学校教育と労働市場との関係です。

ただしこの変化に気がついたとしても、学歴以外の労働市場ルートが広がってはいない。激減している中間層を目指して激しく競争している層と、学歴を上昇させることが最低限の生活を可能にする「正規雇用」に一歩でも近づくことになると考える層によって、現在の学歴社会は支えられています。大半の子どもたちにとっては、「大した希望はないが、参加せざるを得ない」悲壮感あふれる状況になっていると思います。

ここまで学校卒業後の「出口」が悲惨な状況になっているのですから、「入学試験に合格しさえすれば、それなりの将来が期待できる」という学校教育のパラダイム自体を見直さなければいけません。しかし、まだその見直しが十分には進んでいません。今日の討議の最初のほうでも出ましたが、九〇年代以降に日本の産業構造が変わったということは、学校教育にとって根本的な転換を迫る事態だったと思います。しかし、それに対応できていない。そのことが、学校不信を高めてしまっています。「学校って何のためにあるの？」と問われているのに、その答えが準備されていない。

それは日本社会における「世代間断層」問題と関係していて、五〇歳以上と四〇歳未満のあいだにリアリティの大きな違いがあります。それは現在の大学生の親子問題でもあります。産業主義の時代に生きた親の時代の学校・仕事のあり方と、ポスト産業主義の時代を生きる子どもにとっての学校・仕事のあり方には巨大な断層がある。でも親は自分の時代の感覚で子どもを育てていることが多いですから、そこには大きなズレがあります。学生と話していても、親のほうが分かっていないと感じることがとても多いです。

佐藤　今大学一年生に授業をしているのですが、彼らは一九九五年生まれです。一九九五年は日本が体制翼賛に移行した年だと思っています。つまり経済同友会が「二一世紀の学校へ」で公共教育部門は三分の一にするとし、それに日教組も賛成するという体制が完成した年です。この年に生まれた子たちなんです。

斎藤　日経連の報告もその年でした。

佐藤　ちょうどそうですね。新自由主義イデオロギー的政策の体制翼賛体制。この年に生まれた学生たちですから、授業のなかで教育改革について扱うのですが、新自由主義は自分たちに内面化していると言います。つまり、産業主義からポスト産業主義の社会に移行するときに、日本の教育改革で一番大きな失敗は、競争の教育が機能しなくなってきているところで共生の教育へ転換しなければならなかったのにそれができなかったことです。それからグローバリゼーションに応じた知的構造レベルでの探究力を教えることも失敗した。つまり、競争の教育から平等の教育への転換と、量から質への転換、この二つですが、これをやらなかった。

斎藤　むしろ逆に「選択と集中」が進められていきました。

佐藤　逆に流れてしまったのです。教育の現状から考えると、その転換を失敗したことがさまざまな問題や混乱を招いてしまったと言えるでしょう。

斎藤　ただ、われわれはそれを失敗と見るけれど、彼らはむしろそれを求めたわけです。

佐藤　彼らはそうですね。そしてそれによって国際競争力をつけようとしたけれど、ことごとく失敗している。今回の安倍政権が考えているエリート教育の方針なんて、四〇年前のエリート教育ですよね。今どきあいう発想でやって成功している国はありません。発想がものすごく古い。

現場はどう変わっているのか

佐藤　ただ、それに対して教育の現場も対応力を失っています。これも見なければいけない。その一つの大きな背景が、大内さんがおっしゃったような教育へのバッシングがずっと続いていることです。それで疲弊しきってしまっている。教師たちで安倍政権の教育再生会議の方針を支持する人はほとんどいないと思いますが、それは現状を悪化させることがわかりきっているからです。しかも、過去一〇年間で教師の給料を下げた国は三つしかありません。スイスとフランスと日本です。日本は二年前のデータで九パーセント下げています。さらに震災対応で今年ほとんどの都道府県で七パーセント以上下げましたから、合わせるとかなりの下げ率です。教職がほとんどブラック企業化しています。超過勤務手当もないのに、文科省の平均から見ても週当たり一二時間の超過勤務。こういう状況は知られてもいない。

斎藤　いまだに日教組支配だと思い込んでいますからね。

佐藤　そんな町が一つでもあったら教えてくれという感じです。

大内　実際には佐藤さんが言われたように、教育の現場が弱体化させられています。日本型雇用の崩壊によって、子どもや地域社会を支えてきた家庭の安定性が大きく揺らぎ、労働市場の劣化によって、子どもの学校卒業後の進路も極めて不透明な状態になっています。学校教育を取り巻く環境が厳しくなっているのですから、教育予算を増加しなければこれまでの教育レベルを維持することすら困難であるはずです。

しかし、あろうことか教育に投入すべき予算すら減らしている。教育を取り巻く社会環境の困難によって生み出されている問題を、学校や教員の「自己責任」に押し付ける倒錯した状況が続いています。予算が増加しないなかで、「研修」が増やされ、「改革」メニューが増加する。的外れの改革は教育現場を混乱させますし、優れた改革であっても、予算と人員がともなわなければ、教育現場を多忙化させるだけです。問題が起きると、それが教育問題として社会問題や労働問題と切り離されて扱われ、学校や教員がバッシングされる。教育全体への不信感が増幅されるなかで予算や人員増抜きの改革が進められ、学校現場は多忙化し、教職員は疲弊していく。この「学校現場多忙化循環」ともいえる「悪夢のサイクル」を変えていく必要があります。

佐藤 教育改革という名前なのだけれど、要するに教育の改革ではなく、教育の政治利用なんです。真っ当な議論をするのがバカバカしいくらい、教育ではないのです。それから、教育のスケープゴート化があります。すべての責任を教育になすりつけることによって他の問題を全部隠蔽してしまう。この二つがセットになって進んでいるところが怖いところです。

大内 安倍第二次政権の進める首長権限の強化によって、教育の政治利用が一層進む危険性があります。具体的に言うと、道徳の教科化や日本史の必修化、そして教科書の具体的記述です。尖閣諸島や竹島など領土問題を含めて、歴史事項に関する政府見解の記載を求める教科書検定基準の改定が政府・自民党によって狙われています。もしこの首長の権限強化や文部科学大臣の関与強化、教科書検定基準の改定などが進めば、これまでの教科書検定レベルの教育に対する政府の介入ではなく、政府が教育内容を直接、掌握することが可能となります。

斎藤 道徳が教科化されると、評価の対象になるということですよね。愛国心が高いとか低いとか、そういうことが内申点になりえてしまうのではないですか。

佐藤 これもおかしな話で、学習指導要領に関わる事柄は、それが議論になったときに政策化していくでしょう。今回はその手前でのことなんです。つまり、新しい学習指導要領が全面実施になったところで起こっている。こういう政策を仮に出したとして、安倍政権は一〇年くらいもつと判断しているのでしょうかね。時の政権が変わったらこの方向性はコロッと変わる可能性がある。これは本来、政治が決めることではないです。実際には、きちんと責任を負える範囲のところで政策は出すべきです。それなのに、指導要領問題にしろ、教科書問題にしろ、小学校での英語の教科化の問題にしろ、こういった政策を矢継ぎ早に出しています。第一、「英語の教科化」と言っていますが、専任教師をつけた場合、試算すると八〇〇〇億円かかります。こんなのを財務省が了承するわけがありません。そうすると、これらの一連の政策は、きわめてイデオロギー的な政策であって、現実的政策ではまったくないことがわかります。大変無責任な政策です。

斎藤　何なんですか。

佐藤　それを見ても、きわめてイデオロギー的かつ政治利用的な教育改革である。

実は、この間、さまざまなアジア諸国とも交流して感じるのですが、アジア諸国全体の政権が保守化していますね。日本に限らず台湾・韓国・中国もそういう傾向があります。そういう国々の改革を見ていると、政治から無関係で自発的に学校の改革が行われているのです。私は「学びの共和国」と言っています。一種の国境を越えた共和国のような、政治と無関係に教育を自分たちの力で、子ども・教師・親が連帯して進めていくような改革が実際には拡がっています。これはアジア、とりわけ日本の教育改革にとって初めての経験だと思っています。絶えず政治にコントロールされたり、政治に対抗してきましたから。政権と距離をとりながら、教育オートノミーを相互の協力で進めながら現場を守っていかないといけない。この状態は容易には解決しないと思います。

斎藤　具体的にはどういうことをなされているのですか。

佐藤　「学びの共同体」という改革では、一人残らず学ぶ権利を保障し、教師の専門性や自律性を尊重する、地方行政と連携をとって、一種のミニ共和国をつくることを進めています。

斎藤　それがこういった状況に対する対抗軸の一つだ、と。

佐藤　対抗軸というより、防衛策ですね。対抗軸にしていくには、これをもっと政治的なものと繋げないといけません。今は政治にみんな絶望しているわけでしょう。政治は政治の問題で解決しなければならない。安倍政権の教育改革の問題は、実は政治の問題であって、教育の問題では極端に言えば一切ないのです。

アベノミクスの幻想に抗って

大内　そういうひどいことがなぜ受容されてしまうのかというのが、今日の討議テーマの一つですね。受け入れる側のメンタリティを考える必要があるように思います。人々が「騙されやすくなっている」と同時に、「騙されたい」と思う人も増えています。オリンピックをやったくらいで深刻な「賃金デフレ」から脱却し、経済が好転するとは思えません。「見たくないものは、見ないようにする」風潮が広がっています。

『現代思想』二〇一三年九月号「特集＝婚活のリアル」で竹信三恵子さんと対談をしたときに（「『全身婚活』では乗り切れない」）、竹信さんは安倍政権のことを「『夢よもう一度』政治」だとおっしゃっていました。「安倍政権に付いて行けば、いいことがあるのではないか」というまったく根拠のない「幻想」に引き寄せられている傾向があるように思います。

斎藤　オリンピックだけでなく、リニアの開通も新幹線のときになぞらえたりしますが、当時と今はまったく状況が逆ですからね。それでも言いきってしまうところがすさまじいけれど。

大内　その幻想が崩れて、アベノミクスが「名ばかり景気回復」であると人々が認識する契機は必ずあると思います。第一次安倍政権が陥落したのは、二〇〇七年参議院選挙における「地方の反乱」でした。橋本龍太郎政権以降、急速に進められた構造改革が地方経済を痛めつけ、「格差社会」が深刻化したことに対する反乱でした。二〇〇九年衆議院選挙における自民党の大敗と政権交代も、「年越し派遣村」に見られる貧困問題の深刻化によって、「国民生活を向上させる」ことで多くの支持を調達してきた自民党への信頼が失墜したことが影響しています。

政治を変えるポイントはやはりここでしょう。私が大学で教え始めてから一六年になります。そこで感じるのは、年々大学生が貧しくなっていて、今年教えている学生が、この一六年間で最も貧しいという現実です。子どもの貧困率もハイペースで上昇しています。いくら幻想を煽っても、実際に学生や子どもたちの現実を見れば、九〇年代まで想定されていたような中間層が、急速に減少していることは明らかです。

若者を使い捨てる「ブラック企業」、学生であることを尊重しない働かせ方を強制する「ブラックバイト」、大学卒業後に返済することが困難な奨学金制度、待機児童の急増で深刻化する「保活」などの問題が二〇一三年に噴出したのは、新自由主義による日本型雇用の解体が進んだからです。教育の政治利用と同時に新自由主義の矛盾が露わになり、そこへの批判が広がったときに政治を転換できる可能性があるのではないかと思います。

斎藤　私はその幻想というのがもっとしぶといものだと思うのです。つまり、安倍政権の第一次と第二次の決定的な違いを考えると、今回のアベノミクスには三本の矢がありますね。これは大胆な金融政策と機動的な財政政策、そして民間投資を喚起する成長戦略です。最初の二つは普通は同時にやりません。金融政策をやれば財政政策は後退する。それで土建屋政治がある程度ナリを潜めてきていたのです。しかし、これらを更に同時にやることによって、保守層全体を取り込むことができるのです。古賀や野中のような筋金入りではない、これからの世代の自民党の土建屋政治族は彼らに取り込まれているわけです。その財源が消費税増税です。

消費税率の引き上げが決まったときは、三党合意で社会保障に使うと言いましたが、実は去年の六月、つまり三党合意の二か月前には自民党の国土強靭化計画ができている。そうなるとはなからそんなの公共事業に使うに決まっています。でもいまだに新聞は社会保障に使うと書いています。消費税とオリンピックがあるから内需拡大ができるのだ、という演出は極めてずるがしこいですね。

新自由主義の社会ですから、定職なんてもうありません。よっぽどのエリート以外は全て派遣です。現在派遣は全体の四割弱と言われていますが、これは老若男女問わずひっくるめての数字です。例えば若い女性だけだとか、あらかじめ不利な立場にいる層に絞ったカテゴリーでみると八〜九割になります。韓国も同じです。でも、そこをオリンピック、リニア、消費税と言うことで、必死に幻想を撒いているわけですね。

これがさらにややこしいのは、実際にこの幻想の何もかもがウソではないという点です。例えば、原発は再稼働させ、リニアは開通すると一〇兆円の経済効果があるだとか。そもそも本来は新幹線が既にあるし、少子高齢化が進んでいるのにリニアなんかをつくったって乗る人がいないと普通思いますよね。しかしそこでは、乗るか乗らないかはどうでもいいところがある。

ここが三本目の矢なのですが、インフラシステム輸出というのがあります。これは海外の国に鉄道車両を売るだけだとか、道路をつくるだけということではなく、国づくり自体をコンサルティングの段階から日本企業が官民一体のオールジャパン体制で引き受けようという国策です。これは民主党のときから計画があったのですが、安倍はそれにプラスして資源権益の確保と在外邦人の安全という二つの要素をくっつけた。これが自衛隊法の改正や、アルジェリアの事件と関連して、九条の改正問題にも繋がっていくわけです。要は、はっきり言えば帝国主義です。そうすれば必ずどこかで揉め事が起こりますから、自衛隊が出ていかなければならないという話になる。

このインフラシステム輸出の中核は、原発輸出です。もう日本の原発はミソを付けているわけだから、どこの国に行ったって足元見られますよ。「お前のところの原発はぶっ壊れて爆発したじゃないか。そんなものを我が国に売りつけるのか」と言われたときに、「まあそうおっしゃらずに」とさんざん賄賂を渡して、相手国の要人を日本に連れてきて「見てください。ちゃんと動いているではないですか」とやるわけです。ショールームとしての日本列島という必要が出てくる。これでは原発がなくったって三度の夏を乗り切ったといくら言ってもどうでもいいことになる。ただ見世物としての、国を挙げての接待の口実としての原発がほしいのですね。開発独裁的になっているというのは、国内だけでなく世界中を相手に公共事業をしたいという意味もあります。そこでODAの活用の話なんかも出てくる。こういう大構造があるので、かなり長く見ないと騙され続けるのではないでしょうか。

佐藤 アベノミクスで円安になったというのは、わかりやすく言えば日本のお金をドーンと海外に持っていったということですね。特にアメリカにです。それから、この間起こっていることは貧困層の拡大で、生活保護基準を切り下げたにもかかわらず史上最高ですよ。学齢児童の貧困率も史上最高です。給料は一つも上がっていないのに、株だけ上がっている。富裕層のところにドーンと貧困層からお金が移っています。それから、被災地にお金が行っていません。一方、仙台とかの土建業界はすごくお金が回っている。

斎藤 また、完全に公共事業の労働者の人手不足だから、外国人労働者を入れることになってきていますね。

佐藤 アベノミクスと原発輸出は全て連動しています。こういう構造を日本経済の構造のなかにつくり出して固定化させてしまうこと自体が今問われています。そのとき考えなければならないのは教育の問題で、現在何と幼児に使われている公費と六五歳以上の老人に使われている公費は一〇倍以上の差です。こんなことがあっていいのかと思います。

それから日本人の持っている貯蓄の八割近くは六五歳以上の高齢者が持っています。若い人たちは何も持っていない。こういうことが一つひとつきちんと伝えられていないという問題があります。

大内　私も斎藤さんが言われた「幻想がしぶとい」というのはその通りだと思います。幻想が簡単に崩れるとは私も思っていません。安倍政権があれだけいろいろ煙幕を張っているのですから。幻想が崩れるかどうかは、私たちの努力にもかかっています。たとえば斎藤さんが『消費税のカラクリ』（講談社現代新書、二〇一〇年）のなかで行われたのは、消費税についての幻想を解体する作業だと思います。この本で斎藤さんは、消費税が中小自営業層をはじめとする弱者を追い込む悪魔的な税であることを明らかにされました。それは会社員にならなくても生きていける社会の多様性を奪うという指摘にも、とても説得力がありました。こうした幻想を解体する一つひとつの作業が重要だと思います。

斎藤さんの分析に私が付け加えるとすれば、新自由主義による雇用の劣化によって、中小自営業層ばかりでなく雇用労働者のほうも崩壊しつつあるということです。正規雇用労働者は激減し、派遣などの不安定雇用が激増している。旧中間層ばかりでなく新中間層も崩壊する。転嫁できない消費税アップは中小自営業層に打撃を与えますが、転嫁される消費税アップは雇用労働者の生活を確実に追い込みます。消費税アップに加えて年金の切り下げと年金支給年齢の引き上げ、医療費負担の増加、そしてＴＰＰへの参加まで控えているのですから事は極めて深刻です。私が思うのは、このままいけば四年制大学を卒業しても、経済的自立ができる人は半分に満たないということです。新自由主義が進めば、若年層はもうやっていけないということが明らかです。

斎藤 老年人口が比較的お金は持っているから、そこにパラサイトすることで当座しのぐということができる現実もあります。

大内 親子同居による世代間の所得移転が、ここ約二〇年間急速に進んでいる若年層の貧困化を覆い隠してきました。しかし、それがもうタイムリミットに近づいている。四〇代の子どもを六〇代から七〇代の親が経済的に支えていますが、それは永遠には続きません。

佐藤 今の貯蓄は一世代で崩壊しますよ。

大内 出生数も、一九七三年の二〇九万人から二〇一二年には一〇三万人にまで減っています。政府の少子化政策が失敗していることは明らかです。これまでのパラダイムを変えなくてはならない。アベノミクスの唱える「成長」は時代錯誤であり、社会の「持続可能性」こそが、政治の中心的課題となるべきです。

佐藤 もう四〇代男性の二〇パーセント以上が独身なのです。都心部では三〇パーセントを超えます。つまり、四〇になっても子どもが産めないどころか結婚できないような状況に追い込まれてしまっている。

斎藤 先ほど言ったような中間層がどんどん非正規化させられていくレールは完全に敷かれてしまった。今やっているのは正社員の人件費をいかにケチり、かつ人権を奪っていくかですね。

ホワイトカラー・エグゼンプションだとか限定正社員だとか。さらにまた、消費税が増税されれば、断言しますがほとんどの自営業は廃業か倒産に追い込まれます。そこで働いてきた人たちもみんな失業者になります。

大内　しかも、アベノミクスの二番目の矢による公共事業の大盤振る舞いによって、「社会保障と税の一体改革」は空文化し、消費税は社会保障の充実には回りません。でも雇用が奪われ、社会保障による支えがなければ、もう「終わり」です。そこには、経済的貧困の拡大を梃子にして、自衛隊（あるいは自衛軍か国防軍）を拡充したい安倍政権の本音が見えてきます。

『遺言――「財界の良心」から反骨のジャーナリストへ』（青灯社、二〇一三年）は、憲法九条の改定に反対し続けた財界人である故品川正治さんと斎藤さんとの対談で、とても示唆されることの多い内容でした。第二次安倍政権は二〇一四年通常国会で、「集団的自衛権の行使」を認める解釈改憲に執念を燃やしています。故品川さんが最後までこだわった平和主義が、大きな危機に瀕しています。若年層の貧困化は、軍隊や軍事産業への期待にも繋がりかねない。憲法二五条の「生存権」と「社会権」の空洞化によって、憲法九条の「平和主義」が危機に瀕している。憲法二五条と九条が、第二次安倍政権への対抗構想になり得ると思います。

斎藤　私はやや教育だけの話ではなくなってしまいますが、先ほどから話が出ている成長だけを目的にする政治のあり方をもういい加減にやめなければならないと思います。経済成長はみんなが幸せになるための一つの有効な手段ではあります。しかしそれを目的にしてしまったが最後、阻害する要因を排除しなければならなくなってしまう。

派遣の層を広げるというのは人権侵害なのだけれど、派遣をできるだけ減らして正社員を増やすとコスト高になり、経済成長を阻害するから切り捨てられるという関係なので、何のための成長なのかという根源的なテーマをしっかり論じて、その上で教育をどう位置づけていくかということではないでしょうか。今はあくまでもとにかく経済成長が第一で、そのために教育も動員する。選択と集中を教育にも適用し、その他大勢には愛国心を叩きこんでいく方向になり下ってしまっている。教育ではなく調教です。これをかなり正反対の方向に持っていかなければならない。それはマスメディアの問題にもなってしまいますが。

佐藤　貧困問題の深刻化については私が学校現場を回っていて思うことですが、特に地方都市の貧困地域はきつい状況になっています。昔は貧困になって子どもたちは荒れていた。今は荒れる元気もなく日陰で生きています。恐らく親たちもそのように生きている。こういう状況のなかで、一体どういうふうに公教育を考えればいいかと考えるのですが、憲法の幸福追求権、生存権、それから教育権を繋げた教育改革を足元からつくっていくしかないと思います。

おかしな話なのですが、自民党の教育再生実行本部で一番最初に言われていることは「教育の根本は家庭にある」でしょう。だけど、「家庭教育」という言葉が成立するのは日本だけです。本来教育は公のもので、社会が行うものなのです。そういう根本的なところから原理が崩れているわけだから、それをもう一度きちんと筋を設定させて、まがい物には正論で勝負するという方法しかないですね。「家庭教育が根本である」なんて言ったら、日本の子どもたちは半分は棄民化しますよ。社会が支えないと。親は今そういう状況に置かれていません。

大内　私は貧困の問題を見据えることが重要だと思います。九〇年代以降の急速な新自由主義を支えたのは、アメリカやヨーロッパをはるかに上回る過剰サービス社会とそれが生み出した大衆意識にあります。『70年代　若者が「若者」だった時代』（週刊金曜日編、二〇一二年）で斎藤さんが書かれた「セブン－イレブンから始まった利便性の果てに」は、「利便性を絶対とする社会」の成立を伝えています。

七四年にセブン－イレブン第一号店がオープンし、七五年には二四時間営業店も登場します。その後、急速に店舗数を増やしました。セブン－イレブンをはじめとするコンビニエンスストアの台頭は社会の昼夜の別を失わせ、経済活動の二四時間化を招きました。このことは、長時間労働や雇用の柔軟化、非正規雇用労働の増加に繋がります。過剰サービス社会とは、市場の全面化を意味します。教育もその例外ではありませんでした。六九年には年間わずか一万二〇〇〇円だった国立大学の授業料は七〇年代以降、急速に上昇します。大学受験の激化、都市部における六年一貫中学や有名私立・国立小学校の受験ブームによって、塾や予備校などの受験産業は莫大な拡大を遂げました。そのことは教育に「お金がかかる」ことを当然とする大衆意識を生み出しました。教育の私費負担の増加は、公教育の意味を曖昧化させました。教育への私費負担率が高いということは、経済力の豊かな家庭出身の子どもとそうでない家庭出身の子どもとでは受ける教育の質が異なる「教育機会の不平等」を意味します。しかし「教育機会の平等」を実現する政策は本格的には行われてきませんでした。つまり、「生まれによる差別」を容認し続けてきたのです。

しかし、私費負担に依存する教育のあり方は現在、新たに問われています。石油ショック後に早期に立ち直って成長を続けた日本の経済大国化のなかで、過剰サービス社会は成立しました。しかし、九〇年代後半以降の社会の貧困化は、その「サービス」を利用できない人々を急増させています。子どもの貧困率の急増や奨学金利用者が全大学生の五〇パーセントを超えたというのは、そのあらわれです。あらためてすべての人が無償でアクセスできる「公教育」の重要性が浮上していると思います。

急速な貧困化が進むなかで、第二次安倍政権の言う「家庭教育」重視が進めば、教育費を負担できる家庭の子どもとそうでない子どもの格差は決定的になります。佐藤さんの言われる通り、多くの子どもが棄民化させられることになるでしょう。そんな状況を許してはならない。安倍政権の「教育再生」の幻想に惑わされず、貧困を深く見据えることによって、「教育の公共性」を「再生」させることが望まれるのだと思います。今日はどうもありがとうございました。

第2章 「受益者負担の論理」を超えるために

宇都宮健児 × 大内裕和

宇都宮健児さんは弁護士として、多重債務や消費者金融の問題に長年取り組んで来られました。二〇〇八年末から二〇〇九年初頭にかけての「年越し派遣村」では名誉村長となり、その後も反貧困ネットワーク代表として日本の反貧困運動をリードされてきました。宇都宮さんは日本の社会運動の歴史を塗り替えてきた、まさに巨人と言えるでしょう。二〇一三年三月に、私が共同代表をつとめる奨学金問題対策全国会議発足時の全国集会で宇都宮さんとお会いし、それ以来さまざまな場面で交流させていただいています。当日の対談では、これまでの宇都宮さんの活動を振り返っていただきながら、現在の学費や奨学金制度の問題点と今後の社会運動の方向について、議論を深めることができました。

六〇年代の経験から

大内　今日は弁護士の宇都宮健児さんと、主に現在の大学における学費と奨学金の問題について議論したいと思います。私はつい最近、早稲田大学で開催された奨学金と非常勤講師の問題を考えるシンポジウムで宇都宮さんと同席させていただきました。そこでも学費の上昇のことが大きな話題となりました。多くの参加者が驚いていたのは、かつての大学における授業料が、現在とは比べ物にならないほど安かったということです。

宇都宮さんは一九四六年一二月のお生まれです。六七年生まれの私や現在の学生とは、学費や教育をめぐる状況は大きく違っていたことと思います。そこで、議論を始めるにあたって、宇都宮さんがどのような子ども時代を過ごされ、大学に進まれ、弁護士を志されたのかをお聞きしたいと思います。

宇都宮　私が生まれたのは愛媛県の小さな漁村でした。二〇〇軒ほどの家が並ぶ村でしたが、そこで私の父は半農半漁の生活をしていました。七人兄弟姉妹の六番目に生まれた父は若いころに徴兵されて一〇年間戦争に行き、脚を負傷して生まれ故郷に帰ってきたのですが、最初は他人の畑を借りて芋や瓜を作っていたそうです。それから、夏場は伝馬船を沖に繰り出して、一晩中かけて魚を釣り、生活の足しにしていました。

私は長男でしたが、三歳違いの妹が二人おりましたから生活は厳しいものでした。そこで私が小学校三年生のときに、家財道具一式を漁船に積み込んで豊後水道を渡り、大分県国東半島に開拓農家として入植したのです。当時は機械がありませんでしたから、鬱蒼とした森林を人力一つで開墾していきました。そのような両親の大変な苦労を傍で見て育ちましたから、私は何とか早く親を楽にしてやりたいという思いを強く持つようになったのです。

私が小学生五～六年生のころ、長島茂雄選手が立教大学から読売ジャイアンツに入団したのですが、その契約金が一八〇〇万円であったということが大きなニュースになりました。それで私も運動が好きでしたから、プロ野球選手になれば親を楽にさせられると思って、目指すようになったのです。また、通うことになっていた中学校が山を三つも越えていかねばならないくらい遠かったこと、そして私が通っていた小学校のある地域が教育に力を入れていたこともあり、母親の故郷である熊本市に移って、親戚の家から市内の中学校に通うことになりました。当時、九州で野球が一番盛んだったのは熊本県だったんですね。巨人の監督をした川上哲治や広島カープの監督をした古葉竹識は熊本出身でしたし、済々黌高校が五八年の夏の甲子園で優勝していました。ですから、私も熊本で頑張って、済々黌で甲子園に行ってプロ野球にスカウトされるという夢を描いていたのです。

ところが、私の進んだ中学校の野球部には一〇〇人以上の選手がいて、みんな都会育ちなので野球も上手で体も大きかったのです。それでプロへの道を挫折しまして、代わりに勉強に力を入れることになりました。そうやって、進学校だった熊本高校から東京大学の文科一類へと進みました。東大の文一は、法学部に進学するコースで官僚や民間の大企業を目指す学生が多くいるところで、プロ野球選手を目指していたのが、いろいろとあってそのような方向を目指すことになったわけです。六五年の四月に大学入学のために上京して、生活費が一番安いということで、駒場寮に入寮しました。

大内　経済的に余裕があるご家庭の出身ではなかったというお話でしたが、宇都宮さんが経済的な理由で大学進学を諦めることがなかったという点が、今日の議論との関係では重要だと思います。当時の東京大学の授業料や入学金が今とは比べ物にならないくらいに安かったということですね。加えて、駒場寮に入ることで、東京での生活費も抑えることができた。授業料や当時の生活費について、ご記憶はありますか。

宇都宮　六五年の授業料は月額一〇〇〇円でした（年間一万二〇〇〇円）。生活費については記憶にないのですが、私は無利子の特別奨学金を月に八〇〇〇円貰っており、加えて時々は仕送りも貰っていました。駒場寮では食事は食堂で食べることができました。実は当時から真面目に家計簿をつけていて、今になって役立っているのですが（笑）、それを見ると朝の定食が三〇円、昼と夜が五〇円だったようです。そういう環境でしたから、奨学金と仕送りだけで、授業料も含めて十分やっていけたのでしょうね。

大内　物価の上昇分を考慮しても、大学の授業料や生活費が現在よりもはるかに安かったことがわかります。授業料の心配は、ほとんどされなかったのではないですか。

宇都宮　そうですね。大学三年のころからは授業料も免除されていましたから、生活の面ではあまり心配をすることがありませんでした。

大内　当時の駒場寮には全国各地から学生が集まってきていたと思うのですが、どんな学生が多かったのでしょうか。

宇都宮　地方の進学校を出た学生が多かったですね。私の同室には、島根や岐阜の農家から来た学生がいましたが、農家出身者が多くいました。田舎出身で、しかも経済的にはあまり豊かではない秀才が多かったのでしょう。

大内　授業料に加えて住居費も安かったために、地方出身者が東京に進学しやすかったのですね。二〇一四年現在の状況とは相当に異なっています。

入学されたのは六五年ですから、当時の政治情勢が学生の日常生活にも大きな影響を及ぼしていたと思うのですが、駒場寮の雰囲気はいかがでしたか。

宇都宮　六五年は日韓条約が締結された年です。ですから、日韓条約反対運動が自治会の学生を中心に盛り上がっていました。そして駒場寮が、そうした学生運動の拠点となっていました。

寮は自主管理されて出入り自由でしたから、寮生ではなくても学生運動に関与している学生が泊まり込んでいました。そうした学生たちとは、政治・社会的な問題だけでなく、大学で学ぶ意味や、これからどう生きるかといったことまで、いろいろと議論をしました。高校までとは違って、そこでは自分の頭でいろいろと考えて、自分の生きる方向を模索するという雰囲気が強くあり、影響を受けましたね。

大内　大学入学当時から弁護士という道は考えておられたのですか。

宇都宮　いや、まったく考えていませんでした。

私の生まれた漁村では大学生など一人もいませんでした。両親が開拓農家として入植した大分県の国東半島の山村には香川大学に行った学生が一人いて、その人が夏休みで帰省をしたときに、大学生とはどんな人なのかと見に行ったことがあります（笑）。そうしたら全然日に焼けていない青白い顔の人だったので、大学生というのは青白い顔の人が集まるところなのか、と（笑）。

社会の情報化もそれほど進んでいませんでしたから、高校時代になっても職業として弁護士のことを考える機会はありませんでした。ですから、大学に進学した当初は、公務員試験を受けて官僚になるか、民間の大企業に就職するかといった抽象的な選択肢しか持っていなかったのです。

ところが、寮生の議論に触れるうちに、自分も社会的な問題に関心を持たなければいけないと思うようになりました。それで、部落問題研究会という文化系サークルを覗いてみたわけです。そこで何か勉強になる本を借りたいと思って借りた本が、『わたしゃそれでも生きてきた――部落からの告発』（東上高志編、部落問題研究所出版部、一九六五年）です。この本は一二人の部落出身者の手記をまとめたものなのですが、現代に部落差別があるという認識を持っていなかった当時の私は大変な衝撃を受けました。

驚いたのは一番最初に収録されているうえだまさよさんの「わたしのおいたち」という手記で、すべて平仮名で書かれているんですね。家があまりにも貧しかったので、学校に行っていない。同和教育のなかで初めてひらがなを教えてもらって、それで書いた手記なのです。私の両親は高等教育までは受けていませんが、それでも学校教育は受けていて、読み書きはできます。ところが、同じ社会で、ほとんど同じような年齢の人が、学校に行っていない。そのことに強いショックを受けました。

もう一冊、『小さな胸は燃えている――産炭地児童の生活記録集』（芝竹夫編、文理書院、一九六六年）からも衝撃を受けました。日本は六〇年ごろに石炭から石油へのエネルギー転換を図り、多くの炭鉱が縮小・閉山に追い込まれます。六〇年には三井・三池紛争も闘われました。炭鉱労働者の職が奪われ、炭住で暮らしていた子どもたちの生活も荒れるわけですね。この本はそうしたなか、当時盛んに行われていた生活綴方運動の実践として、子どもたちに生活のありのままを書かせた詩や作文をまとめたものです。

小学校五年生のある児童が書いた「どろぼう」という詩が収録されています。父親から泥棒をしてこいと言われる子どもの話です。盗んでくれれば、それをお金に変えて小遣いもくれる。

しかし学校では先生から泥棒は悪いことだ、下手をすれば警察に捕まると言われていて、とても恐ろしい。だから、直接父親には言えないけれど、泥棒を止めようと父親に訴える内容の詩です。

私は経済的に貧しくても、親から泥棒をしろとまでは言われませんでした。それまでは親を早く楽にさせたいという思いで頑張ってきたのですが、社会を見渡すと、自分よりも厳しい状況に置かれている人が大勢いる。この二冊を読むことで、そういった意識に開かれていったのです。思い返すと、自分が育ってきた漁村や開拓村でも、ほとんどの子どもたちは中卒程度で働きに出ていました。

それで、自分だけが大企業に入ったり官僚になったりすることが、抜け駆けをするような後ろめたい感覚を持つようになって、悩み出したわけです。そのころに、岐阜出身で弁護士を目指していた先輩に、弁護士とは組織の歯車になることのない自由な職業であって、たまには人助けもできるという話を聞いたんですね。その話に魅かれるものがあり、弁護士の道もあるかなと考えるようになった。それが大学二年の終わりごろでした。

ですから、社会に目を向けるきっかけに恵まれたことと、そういうときに助言をくれる先輩がいたことが大きいですね。それまでは弁護士のことなどまったく考えていませんでしたから。

大学が開かれていたころ

大内　宇都宮さんのお話をうかがっていると、当時の雰囲気がよく伝わってきます。同時に、戦後すぐに生まれた宇都宮さんの世代と、現在の世代との間にある大きなギャップにも気がつかされます。

私は高度経済成長の只中の一九六七年に神奈川県の川崎で生まれ、二歳のときに東京へ引っ越しました。宇都宮さんとは約二〇年の差がありますが、教育をめぐる状況は、その間に大きく変わっていきました。

六〇年代後半に高揚した学生運動はその後衰退し、大学授業料は七〇年代に入ってから急速に高騰していくことになります。六〇年代後半に年間一万二〇〇〇円だった国立大学の授業料は一気に三倍の三万六〇〇〇円となり、その後には九万六〇〇〇円に値上がりしました。そして、一四万四〇〇〇円に値上がりした七八年以降は、二～三年に一度、入学金か授業料が交互に値上がりするという事態になりました。かつてとても安かった国立大学の授業料は、二〇一四年現在では年間五〇万円を超えています。

他の大きな変化としては、学歴社会の進展による受験競争の激化と学習塾の増加があります。私が小学校に入った一九七四年に、高校進学率が九〇パーセントを超えました。高校進学の普遍化が進み、中卒就職者は極めて少数になります。日本の場合には高校間格差が存在し、高校進学のための入学試験がありますから、ほぼ全員参加の受験競争社会が成立します。そのなかで、塾通いをする子どもたちが増えていきました。特に中学生向けの塾は都市部で広がり、その後地方にも普及していきました。

今でもよく覚えているシーンがあります。私は一九八三年に都立高校に入学しました。そこである先生が授業中に、「中学校時代に塾に通っていた人は手を挙げて」と言ったら、一クラス四八名のなかで私以外の全員四七名の手が挙がったのです。

私は経済的に豊かでない家庭の出身者で、小学校のときも中学校のときも塾には通いませんでした。しかし、周囲の生徒は私とは違っていて、中流以上の家庭の出身者がほとんどでした。授業料の安い都立高校であっても進学校であれば、中学校のときから塾に通っていた生徒がほとんどでした。

もう一方で都市部では、七〇年代から中高の六年一貫校のブームが始まります。そして四谷大塚や日能研など有名私立・国立中学受験を目指す小学校向けの塾が、とても盛んになります。都市部の小学校五〜六年生は毎週日曜日に「日曜テスト」を受けて、有名私立・国立中学受験対策を行っていました。私が入った都立高校以上に、少数の有名私立・国立中高一貫校は東京大学をはじめとする難関大学の入試において高い進学実績を上げていました。より高い階層の家庭出身の子どもたちは、小学校時代から塾に通って、これらの有名私立・国立中高一貫校に進学していました。

七〇年代以降、国立大学の授業料と入学金が高騰し続け、もう一方で高校進学の普遍化が、中学生向けの塾の増加を生み出します。また都市部を中心に、中高一貫校進学へ向けて、小学生の受験競争も始まりました。この現象を端的に言えば、「教育に金のかかる時代」の到来です。

高校教育の普遍化と高等教育の大衆化は進みましたが、それは平等化をもたらしたわけではありません。教育費用を負担することが可能な家庭の出身者が、この受験競争では圧倒的に有利となります。七〇年代から八〇年代にかけてのこうした変化によって、大学進学や教育全般に対する社会の意識は大きく変容しました。「教育に金のかかる時代」の到来は、教育の「受益者負担」という言説を受け入れやすい大衆意識を生み出したと思います。

宇都宮　私が大学に入ったときには、都立高校からの進学者が多かったですね。一番多かったのが日比谷高校です。しかし、最近では都立高校から東京大学へ入るのは非常に難しくなっているわけでしょう。

大内　都立の進学校が難関大学への進学実績の点で凋落していった理由の一つは、一九六七年に導入された学校群制度にあります。進学校の難易度平準化が、学校群制度によって強制的に行われました。

しかし、もう一つの理由は私立・国立の中高一貫校が台頭したことでしょう。特に私立中学校の場合には特別なカリキュラムを組み、六年間を通して大学受験に備えます。たとえば私が中学校に入学した一九八〇年に、公立中学校の英語の授業は週四時間から三時間に削減されました。しかし、私立中学校では最低でも英語の授業は週に五時間、週に六時間以上のところも珍しくありません。しかも違っているのは英語の授業時間数だけではなく、受験科目全般にわたっています。このような非常に不平等な状態が、高校三年まで六年間続くことになります。
少なくとも難関大学受験においては、公立中学校に行くよりも、小学校六年段階で選抜を行っている難関私立・国立中高一貫校のほうが有利であることは、ここ三〇年間くらいの歴史が客観的に示していると思います。だからこそ近年では、公立も中高六年一貫校に参画するようになりました。難関私立・国立の中高一貫校出身者が大学受験において有利になることで、学歴社会の公平性が大きく損なわれていったのが、七〇〜八〇年代であったと思います。

宇都宮　私たちのころには中学校で塾へ行っているという話は聞きませんでした。熊本には有名な大学受験の塾がありましたから、熊本高校から東大などを狙う学生の多くは塾にも行っていましたが。私も担任の先生から塾に行くように言われたことがありますが、あまり経済的な余裕もないし、何かそれは公平ではないような感じが非常にしたので、断りました。塾に行かないあるいは行けない人がいるなかで、自分が塾に行くのは卑怯な感じがしたのです。大学受験というのは授業だけをもとに取り組むべきだというか、授業をきちんと聞いてあとは自分で勉強をしてやるべきだと思っていた。しかし今では、そういうことではとても東大には入れないという状況にはなっていますね。

大内　宇都宮さんがおっしゃる通り、塾に通う生徒と通わない生徒には本質的に不平等があるというご指摘は、重要だと思います。受験生本人の自主的な学習がかなり可能な大学受験でも不平等なのですから、それが中学校入試の段階であればなおさらです。
小学生であれば、親や家庭の影響力は高校生よりもはるかに大きくなります。受験をするかどうかの決定や勉強する条件においても、家庭環境から強い影響を受けます。特に中学校入試で出される問題は、高校入試や大学入試以上に、通常の学校教育で教わる内容とのギャップが大きいのです。そこでは、受験産業への依存はより強くなります。

七〇〜八〇年代にかけて、「教育に金のかかる時代」が到来し、教育の私費負担を当然視する風潮が社会全体に広まってしまったことは、今日の高すぎる学費や奨学金問題を生み出した要因の一つであり、非常に重要なポイントであると思います。

教育費の暴騰

宇都宮　学習塾の拡大は教育への民間産業の参入の問題ですが、一方では国立大学の授業料も値上げされていったわけですよね。それは、どのような要因に拠るのでしょうか。

大内　そもそも、国立大学の授業料が安価に抑えられていたのは、戦後における「教育の民主化」という理念があったからです。戦前の帝国大学が特権的存在であったのに対して、戦後には各都道府県に最低一つの国立大学を設置し、どこの地域であっても、誰もが高等教育に公平にアクセスできる制度の実現が目指されました。しかし、戦後直後の時期を除いて、政府と与党自民党は高等教育予算の抜本的増額を行いませんでした。その結果として国立大学の増加は行われず、大学進学者の増加分を補うべく、私立大学が増えるということになったのです。

戦後すぐは大学生の半分弱が国立大学に通っていましたが、七〇年代には国立大学の学生は全体の二割ほどになってしまいます。大半の学生が私立大学に通い、国立大学の一〇倍以上の学費・入学金を払うことが常態化したところで、国立大学特権論が登場しました。国立大学に通う少数の学生だけが安い学費（入学金と授業料）を享受できるのは特権的であり、私立大学に通う学生と比べて不公平だという批判です。国立大学と私立大学の格差を是正するという論理で、七〇年代の授業料値上げは提起されました。

この論理は、七〇年代の間は一定程度機能していました。一九七〇年に私学の経常費に対する国庫補助が開始され、七五年には国からの私学助成を拡充するため、私学振興助成法が制定されました。七五年から八〇年まで私学の経常費に対する政府の助成は増加していきました。一九八〇年に、私立大学の経常的経費に占める助成の割合が二九・五パーセントにまで達しました。この時期は国立大学の授業料は上がったものの、私学助成は増額されていましたから、国立大学と私立大学の格差が是正されていったと言えます。

しかし、一九八〇年がピークで、それ以降は私立大学の経常的経費に占める私学助成の割合は減っていきます。国立大学と私立大学の格差を是正するという論理よりも、高等教育の費用はそれを利用する人間が負担すべきであるという「受益者負担論」が、優位となっていったことが分かります。

日本の高等教育予算は、国際的に見ると非常に低く抑えられています。二〇一〇年度、対GDPに対する高等教育への公財政支出は、〇・五パーセントと極めて低いレベルでOECD加盟三〇ヶ国で最低です。そのなかで大学進学率は約五割に達しています。この進学率は「受益者負担論」が優勢になるなかで、高い教育費を家族（主として親）が何とか負担してきたことによって達成されたのです。ヨーロッパの多くの国では大学は基本的には国立ですし、アメリカでも学生の約八〇パーセントは州立大学に進学していて、私立大学に通う学生は全体の二割程度に過ぎません。そのなかで、日本では八割近くの学生が授業料の高い私立大学に通っています。

私立大学が大半でありながら、高等教育の大衆化を行った日本は極めて例外的です。

日本では、高等教育をはじめ教育にかかる費用が一九八〇年代以降、余り政治問題となってこなかった点がヨーロッパ諸国やアメリカとの違いです。その理由は、教育の量的拡大と経済成長の時期がぴったりと重なり、この時期に「より良い教育を受けるためには高い私費負担は止むを得ない」、「我が子の進学のためには教育投資は惜しまない」などと考える「教育の私事化」が、大衆意識として広く定着したことにあります。

大学における授業料値上げ反対運動は、七〇年代までは多くの人々の共感を呼んでいました。当時、大学生であった方からも、そのころまでは「ノンポリの学生であっても学費値上げ反対の署名には積極的に署名をしていた」と聞きます。しかし、私が大学に入学した一九八〇年代後半には、その雰囲気はなくなっていました。授業料値上げ反対運動は存在していましたが、それが多くの学生の共感を呼ぶという状況ではありませんでした。

一九七五年以降の経済の中成長によって、経済的に豊かな世帯が増加していましたから、当時の国立大学の年間授業料約三〇万円に困っている学生は、少数派となっていました。「子どもが大学に通う頃には父親の給料が上がる」という日本型雇用の下で、世帯年収の上昇が続いていたことが大きいでしょう。

学生運動に対するイメージの低下や「やってもどうせ無駄」という無力感の広がりもあったと思います。また、特に都市部ではサービス産業の拡大にともなって、大学生のアルバイトが広がりました。当時は経済状況が好調であったこともあって、家庭教師や塾のアルバイトは、時給二〇〇〇~三〇〇〇円に達するものが多数ありました。二〇一四年現在、これらのアルバイトは時給一〇〇〇円前後になっていますから、当時の時給の高さは明らかです。「学生運動によって授業料の値上げに反対する」よりも、「授業料は親に払ってもらい、学生生活や自分の余暇に使う他の費用はアルバイトで何とかする」というのが、主流になっていきました。

当時、地方から東京の私立大学に通わせる場合、年間にかかる費用は約二五〇万円に達していました。それでも、地方から東京の私立大学に通う学生が多数いました。早稲田大学をはじめ東京の主要私立大学の七~八割前後が首都圏出身の学生となっている二〇一四年現在とは、状況が違っていたことがわかります。それだけ多額の費用を負担してでも、東京の大学に通わせることが可能だった時期でした。これだけの私費負担を行っても、子どもを大学に通わせられるということは、この時期の世帯収入や経済状態にのみ可能な例外的事態だと考えられますが、そのことが今でも十分に認識されていないように思います。

多くの先進国では高度成長によって生じたさまざまな社会的矛盾を解決するために、福祉国家路線が模索されました。日本の場合も、一九六七年に誕生した東京都の美濃部革新都政をはじめとして、地方自治体レベルでは福祉政策の充実がなされました。しかし、七〇年代後半には地方自治体においても大勢が保守政治へと回帰します。石油ショック以後、福祉予算を拡充することは経済成長にとってはマイナスだという議論が、マスコミでも主流を占めるようになりました。

七〇年代後半には福祉政策の充実ではなく家族責任を強調する「日本型福祉社会論」が登場します。また石油ショックから早期に経済成長の軌道に乗ったことによって、一九八〇年代には、日本型経営こそが欧米よりも優れているといった議論が広く普及します。これらによって、現在の貧困の深刻化に大きな影響を及ぼしている「社会保障の不備」が放置されました。社会保障が整備されることなく、企業による雇用と経済成長に過度に依存した社会が温存されることとなります。

これは、宇都宮さんが中心的に取り組まれた八〇年代のいわゆるクレ・サラ問題にも関係しています。高度経済成長が終わったにもかかわらず、社会保障が極めて不備であり、しかも子どもの教育や住宅への公的支出が不足していますから、そのための私費負担は莫大です。失業したり、年功賃金がストップすれば、すぐに日々の生活に困ることになります。そのなかで日本の銀行は個人に対して融資をほとんどしませんから、クレジット会社や消費者金融がその隙間に入り込むかたちで登場し、その貸し付けや取り立てが大きな社会問題となりました。

クレ・サラ問題から見えてきたもの

宇都宮　私が弁護士としてクレ・サラ問題に取り組むなかで直面したのは、個別の相談者を一人ずつ救済していっても次から次へと一向に相談が絶えず、さらには弁護士事務所や弁護士会へも辿り着けない多重債務者が数十万人から数百万人もいるという現実です。そこで、抜本的な解決のためには、法制度を変えて、高利と過酷な取り立て、過剰な融資を規制しなければならないと認識し、立法運動へと入っていったのです。

その立法運動を続けるなかで、規制の必要性を国会議員へ説得していくために、諸外国の調査をすることになりました。しかし、私たちの弁護士グループは、サラ金といっても要は高利貸しであって、近代以前から日本には存在していたわけだから、社会には本質的に存在するものではないかという認識を持っていたわけです。しかし、ドイツやフランスにはサラ金もヤミ金もなかった。そうした国々では金利を厳しく規制し、さらには銀行が積極的に融資をしていたからです。

指摘されたように、日本の銀行は困っている消費者には金を貸しません。貸す場合は定期預金や土地が担保として要求されます。しかし、ドイツやフランスにおいては、銀行の社会的責任、つまり不特定多数の市民から預金を集める免許・特権を得るかわりに、市民に対し融資する義務を持つという認識が共有されています。社会全体の金を銀行に集めることで、その金を銀行は融資をして社会を支えるということです。

加えて、ドイツやフランスでは、それでも銀行に融資を受けられない人に対しては社会保障が整備されていました。それが、日本のようにサラ金やヤミ金が発生することを防いでいたのです。このありかたは私たちにとって、非常に衝撃的でした。クレ・サラ問題は現在の日本社会の産物であって、銀行が社会的責任を果たし、加えて法的規制と社会保障の拡充があれば、問題は解決できるとわかったからです。

このような認識に辿り着くまではだいぶ長い時間がかかりましたが、クレ・サラ問題から社会保障や銀行の問題へと、弁護士や司法書士が力をあわせて取り組むようになりました。借金の問題から命をなくしたり、夜逃げをするような悲劇が起こるのは非常に前近代的だと思いますが、それが日本社会の構造的な問題であるということが徐々にわかってきたということです。

大内　おっしゃる通りですね。日本型福祉社会論が広がり、日本型経営が礼賛されていましたが、それがいかに社会システムとして脆弱なものであり、労働者や市民一人ひとりを危険に晒すかは十分に認識されていませんでした。そのなかで、銀行が本来果たすべき公共的役割を放棄した隙間に、サラ金やヤミ金などの金融業者が入り込んでいったのですね。

宇都宮さんの書かれた自伝を読みますと、クレ・サラ問題に出会ってから、自分の仕事、やりたいことができるようになったということが書かれています。宇都宮さんが取り組まれた当初は、消費者問題は弁護士の間でも重要な問題としては位置づけられておらず、専門的に取り組んでいる人もいなかったそうですね。

この消費者問題の浮上は、資本主義経済の転換、つまりは消費者に借金をさせてでもモノやサービスを買わせようとするというシステムへの移行と関わっていたのではないでしょうか。

宇都宮　サラ金が日本に誕生したのは、一九六〇年ごろだと言われています。

高度経済成長期が始まって自動車や家電製品が大量に生産、販売、消費されるようになりました。消費者はまとまった額の購入資金を必要とするのですが、それまでの消費者金融の中心は質屋で、そこでは質物がないと金が借りられませんでした。しかし時計のような質物では、とても自動車や家電製品を購入するお金にはならないわけです。

そのために、借り手の将来の収入を担保に取る信用貸しが登場することになりました。丸井のような百貨店が月賦払いで商品を売っていたのが、次第にクレジットカードを発行し始めます。日本にクレジットカードが登場したのは一九六〇年ですが、同じころにサラ金大手であるアコムや武富士といった貸金業者も登場しました。

つまり、大量生産、大量販売、大量消費を補完するために消費者信用が登場し、それが日本の経済システムのなかへ取り込まれていったのです。当初はあまり表面化していませんでしたが、七〇年代のオイルショックの後で働いている人の給料が頭打ちになったことで、返済が困難になるケースが爆発的に増加し、一気に社会問題化したのです。

大内　八〇年代に入ってからは、八三年に貸金業規制法が定められ、また八五年に日弁連のなかに消費者問題対策委員会が設置されましたね。

宇都宮　それまでは労働問題などの生産点以外の社会の問題に取り組む委員会が日弁連のなかにはありませんでした。サラ金問題はそうした問題のはしりでしたが、同じころに悪徳商法や訪問販売がトラブルになり、消費者問題というカテゴリーで扱われるようになったのです。

大内　生産点以外でも人権侵害が起こることがこの時期にはっきりし、新しい人権問題として位置づいたことになりますね。

この問題の原因は、繰り返しになりますが、それまでは高度経済成長期に家計の所得が順調に上昇してきたのが、石油ショック後にそれが頭打ちになったことにあります。しかし、八〇年代後半にはこうした問題がさらに深刻化していきます。バブル経済の到来によって、土地、株、貸金などの経済規模が巨大化します。そして、豊田商事事件をはじめとして、消費者を食いものにするような金貸業者が跳梁跋扈していくことになります。

日本の社会保障の不十分さがこの事件の背景にあります。豊田商事事件が典型ですが、要するに、お年寄りが生活資金の目減りを心配する。どこかに金を預けて運用をしておかないと自分の老後が危ないかもしれないという不安があって、そこに食い込むかたちで金融業が入ってくるという構図がありました。

宇都宮　詐欺商法や悪徳商法の横行ですね。銀行に預けるよりも儲かると高利を謳って、老後の資金を根こそぎだまし取っていくような商法が拡がっていたのです。

新自由主義と奨学金

大内　ここで大学と社会の関係に話を戻しますと、八〇年代以降も授業料は値上がりを続けたにもかかわらず、大学進学率は上昇し続けます。そして九〇年頃までは、欧米諸国のように若年層の失業問題も深刻化しませんでした。

しかし、その構造を一気に変貌させたのが、九一年のバブル経済崩壊でした。日本社会はそこで戦後初めて、新規高卒や大卒が正規雇用労働に大量に就職できないという事態を経験することになりました。「ある程度の学校を卒業すれば正規雇用への就職が可能であるから、そのためには高い学費を払ってでも進学させることは有効だ」という広く共有されていた前提が、大きく揺らぐことになったのです。

さらには、一九七五年以降も順調に上がり続けていた世帯年収も、九七～九八年ごろをピークに減少に転じます。北海道拓殖銀行や山一証券の破綻といった出来事があり、「大手企業に入っても安心できない」という社会意識が広がります。実際に、子どもを大学に行かせる階層の家庭でも、それまでの所得が維持できなくなります。多くの子どもたちが奨学金を借りなければ大学に進学ができなくなり、九〇年代の後半以降に、奨学金を借りる学生の割合は急激に上昇します。現在では奨学金を利用している学生は全体の半数を超えています。

そこで問題となったのが、日本における奨学金制度の在り方です。日本学生支援機構（旧日本育英会）による奨学金は、給付ではなく貸与ですから、無利子にせよ有利子にせよ、学生は卒業後に返済しなければなりません。ですから、卒業後に十分な収入が得られなければ、奨学金が返せないという事態が生まれます。

年功賃金制度があったことから親に学費を支払ってもらうことが可能で、卒業後には正規の就職がだいたい存在するという状況から、親の所得の減少によって在学中に奨学金を借りざるを得ず、卒業後の就職が厳しいことから、その奨学金を返せない状況へと、大学生をめぐる経済状況は大きく変わりました。このことから、九〇年代後半以降の奨学金問題は、それまでとは比較にならない過酷さを呈することになります。

宇都宮　ご指摘があったように、非正規労働者の割合は九〇年代の半ばから拡大しました。また、九七年に北海道拓殖銀行と山一証券が破綻をした後、日本経済は一種の金融危機を迎え、翌九八年からは自殺者が年間三万人台へと跳ね上がりました。

つまり、失業の問題が拡がると同時に、就職できても非正規雇用で劣悪な労働環境に晒されるという状況になっていったわけです。

大内　日本における新自由主義は、八〇年代の中曽根内閣を嚆矢としますが、それが第二段階に突入したのが九六年からの橋本龍太郎内閣でした。橋本六大改革（行政、財政、社会保障、経済、金融システム、教育）は、本格的な新自由主義改革であり、そこで派遣労働の業種拡大も進みます。

また、九五年に『新時代の「日本的経営」』を日経連が発表してから、労働者の三分類＝差別化、全体としての非正規化と低賃金化が行われました。それまですでに進行していた女性労働の非正規化に加えて、男性労働の非正規化や低賃金化がこれ以降、急ピッチで進められました。これまで私費負担によって子どもを何とか大学に進学させることができていたのが、とても困難になる状況が生まれます。

その状況に輪をかけたのが、九〇年代後半からの奨学金制度の改悪です。有利子奨学金が登場したのは八四年でしたが、当初は非常に少ない割合でした。しかし九〇年代後半に、第二種の有利子奨学金に財政投融資や財政投融資機関債が活用されるようになり、二〇〇七年には民間資金の導入も始まります。無利子の第一種奨学金は増やされず、有利子の第二種奨学金だけが急速に増やされます。現在では日本学生支援機構の奨学金を借りている学生の七割以上が、有利子の奨学金を借りている状況です。ですから多くの学生は卒業後に、借りた以上のお金を返さなければなりません。

さらに深刻なのは法曹（裁判官、検察官、弁護士）を目指す人たちです。司法制度改革によって司法試験を受けるためには法科大学院を修了することが原則となり、法科大学院に二〜三年は通わなければならなくなりました。また、司法試験に合格した司法修習生は、修習の期間中、国家公務員と同じく国から給与を支給されていましたが、二〇一〇年一一月入所の修習生（新第六四期）からは、給与支給が廃止されました。最近では弁護士になるまでに、法科大学院や修習期間中に借りた奨学金が、一〇〇〇万円前後に達している人も珍しくない状態になっています。

借金漬けにされる司法研修生

宇都宮　司法制度改革は、建て前としては市民がより利用しやすい司法をつくろうという目標を持っていました。しかし実際には、法科大学院制度の導入によって、大学四年までの授業料に加えて、大学院の授業料も必要になってしまいました。当然ながら多くの学生が奨学金を借りています。また、大学院に通うための生活費を借りている学生も少なくありません。日弁連の調査によれば、法科大学院生の二人に一人が奨学金を利用しており、その額は平均して三〇〇～四〇〇万、多い人では一〇〇〇万を超えています。

それに加えて、司法修習生への給与が支給される給費制から、修習費用を貸し付ける貸与制に変更されました。実は、司法修習生への給与というのは長い歴史を持った制度で、憲法が施行された一九四七年五月に統一司法修習制度が始まって以来、司法研修所で研修を受けた裁判官、検察官、弁護士の卵には公務員の初任給と同額の給与が与えられてきたのです。

戦前には裁判官、検察官になる人だけが司法試験に受かった後に給料をもらいながら研修を受けており、弁護士になる人には出ていなかった。それが戦後の新憲法によって三権分立が確立され、司法権が独立したことで、裁判官、検察官だけでなく弁護士も司法を担う人材の一つとして位置づけられ、育成のために税金が投与され、給与が出されることになったわけです。

私自身もこの制度の恩恵を受けました。司法試験に受かって司法研修所に入れば公務員の初任給の給与がもらえるということで、運よく早期に合格した私は大学を中退し、弁護士になることができたのです。

ところが今の人は、法科大学院での奨学金に加え、司法修習生としても貸与を積み重ねますから、大変な負債を抱えたまま、弁護士の資格を得ることになるのです。それでも就職先があればいいのだけれど、今は弁護士不況で雇用環境は非常に厳しくなっています。

その結果として、司法試験を受け法曹を目指す人が激減してきています。法科大学院の入学者も減少し、各地で大学院が閉鎖に追い込まれています。また、司法試験に受かったにもかかわらず、司法研修所へ行っても給与が出ないから、そのまま他に就職する司法修習辞退者も激増しています。加えて研修所を出ても弁護士に登録しない人も増えているのです。

このように、法曹を目指す人材が集まらなくなってきていることは、司法制度改革の完全な失敗であったと思いますが、その背景にあったのは、資格とは何かということについての受益者負担論の考え方です。

つまり、これまでは、弁護士や裁判官、検察官という資格は公的なものであり、司法研修所において当然に税金で育てられるものであるという考え方でした。したがって、弁護士や裁判官、検察官の資格を持つ者は、社会の役に立つため、国民の人権を守るために育成されてきたのです。自らの金儲けのための私的な資格ではないのです。ですから、これまでも多くの弁護士たちがさまざまな人権活動に手弁当で携わってきたわけです。具体的には労働、公害、消費者問題、あるいは今回の福島原発事故による被害者の救済支援や、東日本大震災の被災者支援などが挙げられるでしょう。

しかし、現在の国の考え方は、そうした資格を取るのは個人のためであり、その費用は自分で負担するのが当然だという発想なのです。それは弁護士、裁判官、検察官といった司法に関する資格をまったく私的なものにしてしまい、その公共的、社会的な側面を縮小させています。加えて、指摘したように負担を増やして人材を集まらなくしている。

こうした二つの意味において、司法制度改革には大きな問題がありました。大内さんが指摘された大学授業料の高騰や、そこに入りこんできた奨学金制度の根底にある受益者負担の考え方が、司法のなかにも入り込んできている。これは今後の日本の司法を大変な危機に陥らせる問題を孕んでいると思っています。

大内　おっしゃる通りで、この司法制度改革は奨学金制度改悪と密接に関係しています。

日本学生支援機構になる前の旧日本育英会には、大学生が卒業後に小・中・高等学校の教員になった場合は、一定年数以上勤務すると返済が免除されるという制度がありましたが、九八年四月に廃止されました。また、大学の教員・研究者にも同様の制度がありましたが、これも二〇〇四年に廃止されました。このように、かつては小・中・高の教員と大学教員には事実上の給付型奨学金が存在していたのですが、どちらも廃止されたということです。それは、教員や研究者という仕事の公共的な役割や意義が、否定されてきたプロセスと見ることもできます。こうした流れの延長線上に、今回の司法制度改革や司法修習生の給費制から貸与制への移行も位置づけることができます。

宇都宮さんの時代と比べると、弁護士を目指す学生は、高い大学授業料、法科大学院の学費、司法修習生の貸与制というトリプルパンチを食らっています。このような状況で、宇都宮さんのような弱者の人権を守るための活動を積極的に行う弁護士が登場することは、非常に難しくなっているのではないでしょうか。宇都宮さんの弁護士としてのご活動を知れば知るほど、それが宇都宮さんご自身の努力によるものであると同時に、それを支えてきた社会的条件の重要性を感じます。安かった国立大学の授業料や駒場寮の存在、司法修習生の給費制など経済的に豊かでない家庭の出身者であっても、努力によって弁護士になる道が開かれていました。しかし、現在ではこうした社会的条件は相当程度、奪われています。若い人たちの置かれている状況は深刻です。

弁護士になろうとしても経済的な要因から諦めざるを得ないことに加えて、たとえ弁護士になったとしても、巨額の借金を抱えていれば、それほどお金にならない人権擁護のための活動に時間を割くことは困難です。たとえ本人に社会正義のために活動したい気持ちがあったとしても、それを実行することは容易ではないでしょう。

加えて、こうした受益者負担の環境は、本人の意識にも強い影響を与えます。宇都宮さんは先ほど、自分の学歴を自分のために使うのは卑怯だという意識に至ったとおっしゃいましたが、現在のように教育を受けるための私費負担が重くなった状況で、同じような意識を持つことができるでしょうか。多くの人は、自分がお金を使って資格を取ったのだから、それを自分のために活用するのは当然であると考える傾向が強くなるはずです。そこでは、自分の特権性に対する疑問や、資格や自分の能力を社会に還元するという意識は成立しにくくなります。

宇都宮　その変化についても大変危惧をしています。私は日弁連の会長になったのは二〇一〇年四月ですが、一一月から修習生に給与が出なくなるという法律がすでに国会を通過していました。しかしお話したように非常に大きな問題があり、司法制度を歪め、市民の人権を守れなくするということで、日弁連に対策本部を作ったのです。

弁護士として後輩が困難な状況に陥ることを阻止しなければならないと思ったこともありますが、それ以上に、これは市民の人権の問題であり、司法に携わるものが人権よりも自分の借金を返すために働くようになるということで、クレ・サラ運動をやってきた人にも声をかけました。それで「司法修習生の給与の支給継続を求める市民連絡会」を作ってもらい、同時に当事者が頑張らなければいけないということで、ロースクール生や法学部の学生、若手弁護士を中心に、「ビギナーズネット」を結成しました。この三者が共同して運動をすることで、裁判所法を改正させて給費制の一年延長を勝ち取ったのです。司法修習生六四期は本来なら貸与制に変わる予定だったのですが、給与を得ることができました。

そういう状況を生み出したことで、これは恒常化できると思っていたのですが、当時の野田民主党政権が財務省の圧力に負けてしまいました。国会議員のなかには、野党だった自民・公明も含めて圧倒的に給費制維持派が多数だったのにもかかわらずです。それで給費制は廃止になってしまいました。

しかし、現在でも貸与制の下で育った若手の弁護士が中心になって、給費制廃止は憲法違反であるとして給費制廃止違憲訴訟を起こしています。司法修習生には修習専念義務があり、アルバイトが禁止されています。その一方で給与を支給しないのは問題であるし、制度変更によって貰えた人間と貰えない人間ができるのは差別ではないかという訴えです。

こうした訴えに対して政府や財務省は国の財政事情を盾にして反論をしています。しかし、考えてほしいのは、給費制の開始が四七年五月だったということです。戦後の焼け野原の時代、国家そのものが破綻していたころです。そのなかで新しい憲法のもとで民主主義国家をつくるという高い理想を掲げて、三権分立制度における司法権の一翼を担う人材育成のために、国が財政負担を決定したのです。そのときと現在を比べれば、財政事情は格段に改善されています。ですから、財政難というのはまったく理由になっていない反論なのです。

しかしながら、危惧した通り、若い弁護士がいろいろな委員会活動や弁護団活動に参加する割合は激減してきているそうです。これは市民、特に人権を侵害されて困っている人にとっては、大きな打撃です。弁護士の数自体は増えていますが、そうした活動に参加するような人材は減っている。

ですから、これは単に司法修習生の問題ということではなく、国民の人権が守られるかどうかの問題であるという認識に立っていただきたいと思っています。現状では「弁護士だって自分のためにやってるんだろう」という受益者負担の発想が通りやすく、そのために税金が使われることへの抵抗感は非常に強いですが、それをどのように打ち破れるのかを考えていかなければなりません。

実は、給費制が維持されている資格は他にもあります。例えば医師です。研修医はかつては無償で、それが六八年の東大闘争の原因にもなりましたが、二〇〇四年から始まった医師臨床研修制度では、研修の義務化とともに、一定の給与にあたるものが支給されるようになりました。このときに参考にされたのが司法修習制度だったのです。

また、防衛大学生にも給与が支給されていますね。防衛大学校を卒業しても自衛官にならない人もいるのですが、返還義務はありません。また海上・航空保安官を養成する海上・航空保安大学校でも、給与が支給されています。

つまり、司法界に限らず、社会に還元するべき公的な資格の取得のためには、給与が払われていたのです。それが少しずつ切り崩されて、次第に公的な資格が私的な資格にされているのが現状です。しかし、その一番の被害者は、実は国民、市民なのです。

反貧困運動から民主党政権へ

大内　日本型雇用の本格的解体が始まった九〇年代後半から貧困が深刻化していたにもかかわらず、貧困問題の発見は非常に遅れました。「貧困問題の発見」を遅らせた当時のマスメディアの責任は重いと思います。貧困問題が発見されなかったことは、二〇〇〇年代前半の小泉構造改革を許した一つの要因となってしまいました。

しかし、その小泉政権下において「貸金業法の改正」を実現したのは、宇都宮さんの活動のなかでも、とりわけ画期的であったと思います。新自由主義の絶頂期にそれを批判する活動を行い、制度改革へとつなげたのですからね。その後に宇都宮さんは、社会全体の「貧困と格差」を解決することをテーマとされるようになりました。二〇〇七年一〇月一日に「反貧困ネットワーク」を結成し、二〇〇八年末~二〇〇九年初頭にかけての「年越し派遣村」の運動もリードされました。こうした「反貧困」は、それまで「貧困は存在しない」と明言していた政府を批判し、「貧困の可視化」に成功したという点で、新しい局面を切り開いたと思います。この活動をどのように振り返られますか。

宇都宮　二〇〇六年の貸金業法の改正は、すぐにできたことではありません。七〇年代の終わりごろから数えて、三〇年間くらいの積み重ねがあっての成果です。先ほども述べましたが、個別に相談に来た多重債務者の救済はできるけれど、そこに辿り着けない何十万人・何百万人の多重債務者の多くが夜逃げや自殺をしていた。この構造を解決するには制度を変えなければいけないということで、高金利、過酷な取り立て、過剰融資を規制する立法運動に取り組んできました。

一九八三年にサラ金規制法ができるのですが、その後も何回も改正を重ねています。高金利を規制する法律は当時二つありました。一つは出資法で、違反すると処罰される金利水準を決めています。私たちがサラ金の問題に取り組み始めたときには年一〇九・五パーセントを超えると処罰が下されました。もう一つは、利息制限法で、基準を超える金利の約束をしても超過分は無効となるという法律です。貸付の元本によって違うのですが、一五~二〇パーセントを超える部分は無効とされていましたが、罰則がなかったのです。

そうしたなか、サラ金やクレジット会社は、罰則がある出資法しか守っていなかったのです。年一〇〇パーセントくらいの金利水準で営業していましたから、元本が一年間で倍になってしまいます。こうした高金利を経済的余裕のない人が利用すれば、当然返せなくなって、次から次へと新たなサラ金から借り入れることになります。それを規制する立法運動を続けたことで、二〇〇六年の法改正では、利息制限法と出資法の間のグレーゾーン、つまり利息制限法には違反しているけれど犯罪にはならないグレーゾーン金利を撤廃し、出資法の上限を二〇パーセントまで引き下げることに成功したわけです。

この成果を産んだのは、それまでの積み重ねと、運動がかなり広がったことによります。労働団体や消費者団体を運動に巻き込み、日弁連の内部にも対策本部ができました。また、衆参両院をあわせると七二二人の議員がいるのですが、この過半数を取れば法律を変えられると私たちは考えました。そこで全国会議員にあたって星取表をつくり、最後に議論がされる自民党の政務調査会内の貸金業制度に関する小委員会で多数を取れるように、自民党のなかでも多数派工作をやったのです。そのために全国五二の弁護士会を動かして、地元出身の自民党国会議員に何回も要請をし、説得をし、「金利を引き下げるべきだ」と考える自民党国会議員が、政務調査会内の貸金業制度に関する小委員会に参加し、発言するような環境づくりをしました。もちろん署名も三四〇万人分くらい集めました。加えて、四三都道府県議会と一一三六市町村議会で、金利を下げるべきだという意見書が採択されました。

日本地図をつくり、各都道府県市町村を塗り潰すような運動をやったということですね。全国の国会議員に働きかけるためには、全国的な組織がないと駄目なのです。選挙区の弁護士や消費者団体、労働団体が働きかけ、それを全国で統括できるような運動をやらなければならない。もちろん、サラ金業界と深く結びついた議員もいたわけですが、サラ金業界はどちらかと言うとケチなんですね。私がサラ金業界の顧問なら、国会議員七二二人全員に金を配らせますが（笑）、サラ金業界は自民党のなかでも当選回数の多い議員とか大臣経験者にしか配っていなかったのです。そういう議員、つまり族議員は関連法案があるときは必ず自民党の政務調査会内の関連委員会に出て、サラ金業界寄りの発言をします。他に議員はあまり関心を持たないのだけれど、われわれが全国的な運動をやり、メディアも盛んに取り上げるようになり、署名もあり、地元選挙区の都道府県市町村議会が金利引き下げの意見書を上げたことで、これは重要な問題だとなって関心を寄せてきました。なかでも手垢のついていない小泉チルドレンが金利引き下げを求める中心メンバーになりました。そのような勢力を味方に付けて、「抵抗勢力」を孤立化させたのです。

大内　成功した社会運動の経験として、参考になるところが多いです。当時、私は教育基本法改悪反対運動に取り組んでいましたが、その時には全国会議員の過半数を取るとか、与党の自民党で多数派工作を行うという発想は、あまりありませんでした。

宇都宮さんたちのこうした取り組みは、その後の反貧困運動へとつながり、さらには政治情勢全体にも大きな影響を与えました。それまで新自由主義路線を鮮明にしていた民主党が、新自由主義推進とは異なる「生活が第一」という路線を選択した理由の一つは、反貧困運動の広がりにあるでしょう。

「生活が第一」というスローガンを掲げた民主党は二〇〇七年の参議院選挙で大勝し、二〇〇九年の政権交代へと結実することになります。民主党政権は、それまでの政府が行っていなかった貧困率の公表に踏み出しました。

しかしながら、民主党政権はその後、当初の期待を裏切るような方向へと変質してしまいました。派遣労働への批判によって支持を得たにもかかわらず、派遣法の抜本的改正はできませんでした。「貧困の発見」が原動力の一つとなって民主党による政権交代が行われましたが、その後の変質について現時点からはどのようにお考えになりますか。

宇都宮　クレ・サラ運動は先ほど説明したような全国化ができていましたし、七〇〇〜八〇〇人もの弁護士・司法書士が中心メンバーになっていました。ですから大変に強力な行動力を持っていたのです。一方で、反貧困ネットワークは東京を中心として作られた運動でした。それは、東京の日比谷公園で行った「年越し派遣村」の活動などでは、東京の労働組合を動かし、メディアにも報道をさせるという点で有効でした。

しかし、私たちは貧困を顕在化させるところまでは達成できましたが、発見した貧困を解消するためには、いろいろな政策転換が必要となります。例えば労働政策については、派遣法の抜本改正や最低賃金の大幅引き上げといった取り組みが必要になります。社会保障政策ならば、生活保護制度の改善や雇用保険・年金制度の充実、公営の低家賃住宅の大量供給、医療・高等教育の無償化などの多くの領域で改革が欠かせません。そうなると、相当に大きな組織が必要になります。

しかも、サラ金問題であれば、業界から献金を受けるのは後ろめたいと議員が感じるような雰囲気が社会にありました。しかし労働や社会保障というのは国の根本に関わる問題です。つまり、そうした問題を動かしていくだけの組織が、運動をする側には構築できていなかった。これが大きな問題となりました。クレ・サラ運動に関わった人々がすべて反貧困ネットワークに移行すれば大きな力になったかもしれませんが、貸金業や多重債務問題に関心を持つ人々の集まりでしたから、貧困問題に全力を挙げて取り組む段階には至りませんでした。

ですから、民主党が変質したというよりも、民主党の政策を支える運動に弱さがあったことが大きかったと思います。民主党の支持母体は連合でしたが、連合は非正規労働者の権利を守る闘いをほとんどできませんでした。連合のなかには派遣法改正に反対する労働組合も存在し、正社員の組合という要素が強いのです。そのために、派遣切りが横行していた時期に派遣労働者の身分を守るために闘った正社員の労働組合はほとんど存在しませんでした。つまり、こうした正規と非正規の分断が、実は正社員の地位をも危うくしているという認識が不足していたのです。

これは、現在では原発労働者の問題につながっています。電力総連は連合のなかでも重要な役割を果たしていますが、実際に被曝をしながら福島第一原発で廃炉作業に従事している労働者たちは正社員ではありません。何重にもあいだを抜かれた下請け労働者であり、何の権利も保障されていない非正規労働者です。普通の労働組合であれば、そうした人たちの権利確保のために闘うべきですが、電力総連は何もしていない。連帯の意識はどんどんと希薄になっていって、労働者のなかにも分断が進んでいることの証左です。

組織が弱くなり、分断されていることは、労働以外の領域でも同様です。市民運動の多くも、全国へと組織を拡大できていません。原発問題については、東京では官邸前行動をしている首都圏反原発連合が力をつけていますし、それぞれの都市や地域に同じような目的を持つ組織ができていますが、それらを全国的に束ねる組織ができていません。また集団的自衛権の行使に反対する憲法会議も同様に全国組織を持っていない。もちろん、全国規模で組織を構築するだけのお金がない、という問題もあります。全国から代表者を集めた会議や、各地の議会におけるロビー活動をするためには、それなりの活動資金が必要となります。

全国規模で、かつ長期にわたって維持ができるような組織をいかに構築できるか。私たちは智恵を絞らなければなりません。集団的自衛権の問題であっても、現状では閣議決定しかされていないのですから、政権を転換して決定を覆すことは可能なのです。しかし、そのためには国会の構成を変えなければなりません。そのような戦略のもとで、運動を構築していく必要があります。沖縄県知事選や統一地方選挙、そして一六年に予定されている衆参議員選挙といった機会を逃さず、集団的自衛権行使に反対する議員を一人でも多く当選させていく。同時に、既存の議員たちを一人ずつあたって、説得を続けていく。日本の市民運動には一般的に政治とのあいだに隔絶がありますが、そうした意識は取り払われるべきです。国会便覧を手元に置いて、七二二人の国会議員に各々あたっていく覚悟が求められます。

大内　民主党政権の顛末は、それを支える運動の力不足が大きかったということですね。

宇都宮　そうです。

もちろん、民主党議員の酷さという問題もありました。例えば鳩山元首相が普天間基地の県外移設を公約にしたことは間違いではありませんが、アメリカとのあいだで衝突が起こり、厳しい交渉が必要となることは当然予想できたことでしょう。サラ金問題のときでも、一部の企業の利益を守ろうとするアメリカとぶつかりましたが、そのときは世論の強力な後押しによって勝つことができました。サラ金問題ですらそうだったのですから、日米安保の根本にかかわる基地移設問題にはどれだけの圧力がかかることになるか。これを打ち破るためには、連合が全力で鳩山政権を支持し、そのために国会周辺を埋め尽くすくらいの運動をしなければならなかったのです。しかし連合は何もしなかった。政権を支持し支える大衆的な運動基盤がなかったということです。また、政権の側も、国民的な世論を背景にしなければアメリカとは到底闘えないという危機感を持っていなかった。何の覚悟も見通しもなく始めてしまったのです。

ですから、鳩山政権が退陣したあとは、菅政権や野田政権が消費増税や税と社会保障の一体改革関連法を決定するまでに後退し、財務省の言いなりになっていきました。先に述べたように、司法修習生への給費制維持といった簡単なことすら実現できなかった。

マニフェストが守れないならば、大臣を辞任すればよいのですが、そのような議員もいませんでした。死刑廃止議連にいた千葉景子議員は最初の法務大臣に就任しましたが、法務大臣を辞める際には二人の死刑執行に同意してしまいました。強固な官僚組織を打ち破るだけの覚悟と、支援する大衆運動がなかったのです。

中間層の解体とブラックバイト問題

大内　民主党政権を支える社会運動の力不足に加えて、民主党の政治家の「ひ弱さ」が、民主党政権に対する失望を拡げていきました。同時にこの時期には、「格差と貧困」も深刻化の度合いを増していきました。これらが第二次安倍政権を誕生させた大きな要因になったと思います。

宇都宮　民主党政権と比べれば、特に経済においては、安倍政権は安定しているのではないかという期待が高かったのは事実です。しかし、戦前の満州侵略の背景として農村恐慌があったことを思い起こせば、貧困からナショナリズムへ動員される人が多くいる状況は憂慮しなければなりません。

ただ、民主党政権の失敗が現在の事態を産んだことは間違いありません。ナショナリズムの高まりにおいて決定的な役割を果たした尖閣諸島問題についても、野田政権の失政という面が強い。石原前都知事が東京都が尖閣諸島を購入するという話を打ちあげたことに慌てて、中国との外交関係をよく配慮しないままに国有化してしまった。それが中国とのあいだに緊張を生み、日本国内のナショナリズムを強めたわけです。そのムードにうまく乗るかたちで、自民党が支持を伸ばしていった。

大内　政権を奪取した安倍政権は、「アベノミクス」によって「デフレからの脱却」を図るという幻想を振りまき、当初は高い支持率を得ていました。二〇一四年四月の消費税率八パーセントへのアップによる経済の落ち込みによって、その幻想もはがれつつありますが、いまだ政権を揺るがす状況には至っていません。

私は、九〇年代半ばに登場した日本版の歴史修正主義への反対から市民運動に関わり、その後に「つくる会」教科書採択への反対、そして教育基本法の改悪反対などに取り組んできました。しかし、歴史修正主義や「愛国心」強制という国家主義への批判と、新自由主義によって深まる「貧困と格差」への批判とが、十分につなげられてこなかったのではないかという問題を感じています。先ほどお話があったように、格差の拡大と国家主義の深まりがつながっているのならば、その両者を視野に収めた運動が出てくる必要があるのではないでしょうか。

宇都宮さんたちによる反貧困の運動をその次のステージへと発展させること、つまり「貧困の発見」から「貧困の是正・解決」へと運動を強め、それを国家主義への批判と結び付けていく必要があると思います。

安倍政権はいわゆる「残業代ゼロ法案」などを用意し、非正規労働者の増加による低賃金化の段階から、いよいよ正規労働者の本格的な賃金削減に邁進しようとしています。このような傾向は先進国の多くで共通していますが、そのなかで世界的に注目を集めている研究が、フランスの経済学者トマ・ピケティによる『21世紀の資本』（みすず書房、二〇一四年）です。この本のテーマは「中間層の解体」です。反貧困運動による「貧困の発見」の時期から、状況はもう一段階、深刻化していると思います。

奨学金問題というのはそのことを示しています。現在の四年制大学への進学率は約五〇パーセントです。高卒就職や短期大学、専門学校への進学をする者の出身階層は、四年制大学進学者よりも低いですから、四年制大学進学者の約五〇パーセントの出身階層は、全体のなかでの上位半分とだいたい重なります。ということは、階層の上位半分に属する家庭出身者の学生のうちの約半数が奨学金を利用し、卒業後もその返済に苦しんでいる状況が広がっているということになります。

ネットカフェ難民や「年越し派遣村」などを通して、貧困が発見されました。しかし、「生活が第一」を掲げた民主党政権の挫折によって、貧困問題の政治的解決は遠ざかっていきました。そこで噴出してきたのが、「自分だけは貧困に陥りたくない」という大衆意識でしょう。自分だけは、「ニート」や「フリーター」、そして「非正規」にはなるまいと必死になる。そのことは大学生の「全身就活」（大内裕和＋竹信三恵子『「全身〇活」時代』青土社、二〇一四年）によくあらわれています。

私が日頃付き合っている学生の多くは、ネットカフェ難民やホームレスのことを知っても、「自分はすぐにはそんなことにはならないだろう」と考えがちです。親から経済的な支援を受けている学生のほうが、まだ多数派ですからね。実際には、現在の彼らの状態と「派遣村」に集まった人々との距離はそれほど遠くないのですが、そのことはすぐには認識されません。だからひとまずは「就活に全力を尽くそう」となりがちで、貧困を解決する活動に自ら参加しようとは、なかなかなりません。

しかし今、明らかになりつつあるのは、多くの若年層が中間層から脱落しつつあるという状況です。奨学金や「ブラック企業」の問題は、この「中間層の解体」という状況と密接に関わっています。私は学生たちとともに二〇一二年九月に「愛知県 学費と奨学金を考える会」（ホームページ http://syougakukin2012.web.fc2.com/、フェイスブック http://www.facebook.com/aichi.ATS）をスタートさせ、二〇一三年三月三一日に「奨学金問題対策全国会議」を結成し、有利子の無利子化や給付型の導入など奨学金制度改善へ向けての活動を開始しました。この活動を開始して以来、その反響の大きさには常に驚かされてきました。これまでであればこうした運動には反応しなかった人たちにまで、反響が広がっています。

また、今野晴貴さんらによる「ブラック企業」という問題提起も、すでに大きな社会的影響力を持っています（今野晴貴他『ブラック企業のない社会へ』岩波ブックレット、二〇一四年）。これも「貧困」問題の中心としてこれまで取り上げられてきた非正規雇用労働ではなく、正規雇用労働を問題化する概念です。これまでは非正規社員に比べて恵まれていると考えられていた正社員が、企業で使い潰されているという問題提起が、幅広く受け入れられたのです。

この奨学金と「ブラック企業」という問題提起が、大きな影響力を持ったことには、社会構造上の要因があると思います。さきほども述べたように、平均的な大学生にとって、ネットカフェ難民やホームレスのことを知っても、「自分はすぐにはそんなことにはならないだろう」と考えがちです。しかし、奨学金の返済や「ブラック企業」は、自分がすぐに直面する困難として意識されやすいテーマです。「他人事ではない」と、多くの学生たちが自分に関わる問題として考えることが容易にできます。

ブラック企業からヒントを得て、多くの学生が極めて劣悪な条件で働いているアルバイトのことを、私は「ブラックバイト」と名づけました。「ブラックバイト」とは、「学生であることを尊重しないアルバイト」のことです。

二〇一三年から使い始めたのですが、これも大きな反響を呼んでいます。正規雇用が減少して、非正規雇用が増加する労働市場の構造変化のなかで、かつては正規雇用が行ってきた仕事を非正規雇用が担わざるを得なくなってきました。派遣・契約だけでなくパートやフリーター、学生アルバイトまでが、厳しいノルマや責任を負わされているという劣悪な労働環境が広がっています。勉強やサークル活動など、自分が望んでいた大学生活が、「ブラックバイト」によってひどく損なわれているという現実が、大きな反響を生み出した背景にあると思います。

一定レベルの大学を出て真面目に働いていれば、一定程度の生活ができると考えられてきたのが、どうもそうではないらしいということが、人々に共有されるようになりました。頑張って大学を卒業しても、奨学金という名の借金を抱えながら、不安定な雇用のなかで暮らしていかなければいけないという現実が、ここにきてようやく多くの人々に認識されてきたということだと思います。

中間層の解体は、支配層にとっても大きな問題とされるようになってきました。それは少子化や人口減少、自治体消滅問題として登場しています。二〇一四年五月八日に日本創成会議（座長・増田寛也）は、提言「ストップ少子化・地方元気戦略」をまとめ、人口減少がこのまま進めば、多くの自治体が消滅する危険性があると発表しました。そして、七月一五日には、全国知事会が「少子化非常事態宣言」を出し、少子化対策を強く求めています。

自民党の小泉進次郎議員も、『中央公論』二〇一四年七月号の座談会において、人口減少と自治体消滅についての提言「ストップ少子化・地方元気戦略」を、政治や行政に関わる人間にとって「必修科目」であると言っています。しかし、人口減少や自治体消滅の原因が「若年層の貧困化」にあるという論点が、明確にされていません。安倍政権は二〇一四年の秋から「地方創生」を重点課題として取り組むと明言していますが、それならば「若年層の貧困化」の解決を実行しなければなりません。若年層の雇用の不安定化や借金問題、具体的には「ブラック企業」や「ブラックバイト」の根絶、奨学金制度の改善が必要です。それらを進めなければ人口減少は止まらないでしょう。

ウォール・ストリート占拠のスローガンであった「我々は九九パーセントだ」の言う通り、「中間層の解体」を含めた窮乏化が社会全体を脅かしているのです。反貧困の運動によって「貧困の発見」が行われた二〇〇五年前後から、私たちは次の段階に突入していると思います。二〇一四年現在、私たちはかつて分厚かった「中間層」の急速な解体という事態に直面しつつあります。「ブラック企業」や「ブラックバイト」、奨学金問題への反響の大きさはそのことの証左です。

反貧困運動による「貧困の発見」は貴重な成果であったものの、その是正・解決は民主党政権の挫折もあって、まだなされていません。むしろ生活保護バッシングに見られるように、「貧困」者とそれ以外の人々を巧みに分断して、反貧困運動の盛り上がりを抑える戦略を支配層は取ってきました。

「中間層の解体」は「貧困化」が一層深まったという点では厳しい状況ですが、より多くの人が「貧困層に陥る危険性が高い」という認識を持つことは、連帯を広げ、社会全体の変革へ向けての運動を構築する条件にもなり得ます。反貧困運動の提起をより深め、「中間層の解体」に抗する運動との連携をはかっていくことが、現在の政治状況を打開する可能性を生み出すと思います。

宇都宮　そういう問題意識は、大内さんと共有していると思います。
今、全国で二〇ヶ所ほど、反貧困ネットワークができています。それが個々バラバラで動いていたのを、ネットワーク化したかたちにしようということで、全国集会を準備しています。貧困問題を可視化、顕在化させることには成功したが、その後の手を打てていないということは、私たちも強く感じているのです。二〇一二年の子どもの貧困率は過去最悪の一六・三パーセントでした。私たちの運動は、この状況を食い止め、転換させるまでには至っていないということです。ですから、全国化することでその段階に取り組んでいこうと考えています。

貧困・分断と軍事化

宇都宮　もう一つ指摘する必要があるのは、現在の貧困の問題が、中間層を解体すると同時に、経済的徴兵制にも関係しているということです。アメリカは日本以上に貧困と格差が広がっている国ですが、それは米軍の要員確保を容易にもしていることに注目する必要があります。貧困家庭の子どもが大学に行こうとすれば、日本以上に高い授業料を払うために、多額の奨学金債務を抱えることになる。日本では、どうしても払えない場合は、破産申し立てをして免責決定を受ければ奨学金債務は免除されるのですが、アメリカは税金や罰金と同様に、奨学金債務は免除されません。そうすると、軍に入るしかなくなるのです。ですから軍は高校を回って、貧困家庭の子どもをリクルートしています。先日開催した生活保護問題の集会において、伊藤周平氏が、日本においても格差と貧困が意図的に作られていることを指摘していました。集団的自衛権による海外派兵によって自衛隊員が戦死したり他国民を殺すことになるでしょう。そのことで自衛隊への応募が減少することは容易に予想されます。そのときの要員確保のためにも、貧困の拡大は必要だということです。

大内　貧困を梃子とする軍事動員への道筋は、日本社会でもはっきりと見えてきたと思います。文科省の有識者会議「学生への経済的支援の在り方に関する検討会」メンバーの前原金一・経済同友会専務理事は、二〇一四年五月の検討会で、奨学金の返済に苦しむ人たちについて「防衛省でインターンシップ（就業体験）をさせたらどうか」という主旨の発言をしています。

二〇〇四年に「九条の会」が結成されて以来、平和憲法を守る運動は全国に拡がってきましたが、こうした事態への対応は遅れているように思います。「九条の会」の担い手の中心は、アジア・太平洋戦争の体験者あるいは、親世代の戦争体験を直接聞いてきた比較的高齢の世代の方々です。アジア・太平洋戦争の体験に立脚して「あの戦争を繰り返してはならない」という主張がなされることが多い。

しかし、アジア・太平洋戦争と「これからの戦争」は違います。アジア・太平洋戦争は、徴兵制によって軍隊が構成され、アジアから始まり、最終的にはアメリカと戦った戦争でした。しかし、これからの戦争において、少なくとも当面は、国民すべてを動員する「徴兵制」は採用されにくいでしょう。しかも、アメリカと戦うのではなく、米軍との共同軍事行動となる危険性が高い。「これからの戦争」を意識した平和運動や反戦運動の構築が強く求められていると思います。

私は大学で日々学生と接していますが、彼/彼女らにとって切実なのは、九条以上に二五条だと思います。ブラックバイトで働く学生たちやブラック企業で働く若年労働者たちの劣悪な実態は、まるで戦場に駆り出されているかのように見えます。若い人は憲法問題に関心が弱いと言われることもありますが、二五条に書き込まれた生存権の実現は、多くの若年層にとって、とても差し迫った重要性を持ってきていることを、憲法改悪に反対している人々は、もっと意識すべきでしょう。九条単独ではなく、二五条と九条をつなげた運動を構築することが求められています。

――冒頭で宇都宮さんがお話されていたような大学の風景は、現在では消滅寸前となっています。議論を深めるための自由な時間は失われ、貧困や労働といった社会の諸問題が集約される場所へと大学は変容していますが、このような状況をどのように変えてゆけばよいとお考えですか。

宇都宮　確かに、全体的に考える余裕がなくなっていますよね。私が通っていた東京大学の場合、学部の二年までは教養学部ということで、弁護士を目指す学生であっても授業で法律を学ぶ必要はありませんでした。しかし現在では、司法試験に合格するために大学一年生の時期から予備校に通うことが当たり前になっています。そのようななかで、大学のなかで学ぶことの意味を考える時間がなくなってしまうのは当然ですね。

しかし、私は二〇〇九年に東大の駒場キャンパスで開かれた貧困と格差を考える自主ゼミに招かれていました。私はそこで一般的な状況も講義しましたが、年越し派遣村の村民だった方や、多重債務に苦しむあまり自殺を考えて富士の青木ヶ原樹海に入りこんだ経験を持つ方にもお話してもらいました。社会の現場で何が起こっているかを、できるだけ生で感じてほしかったのです。そして、そういうテーマに関しては、多くの学生が関心を持ってくれました。

また、愛媛大学にはオープン・ハンドというサークルがあります。愛媛の松山市は温暖な気候のため、四国各地からホームレスが集まるのですが、ホームレスの住んでいる小屋が火事になって女性ホームレスが亡くなったことがありました。それに衝撃を受けた学生たちが夜回り運動を始め、生活保護受給のための支援をするようになったのです。彼らが動くことで、昨年は反貧困フェスタを愛媛大学で開催することができました。

そのような、社会と接点のある問題を考えるような場所を、大学のなかに作っていくことが重要でしょうね。奨学金問題も、そうした動きのなかに位置づけられるのではないかと思います。必ずしもかつての学生運動と同じようなかたちをとる必要はありません。今の社会に対応したかたちで、場合によっては教員も巻き込みながら、どのように作っていけるかを考えていくべきでしょうね。

大内　学生運動が盛んだった時代から長い時間が経過し、部分的な例外はありますが、全体としてはその発展的継承に失敗してきました。多くの大学は新自由主義を率先して導入し、学問の自由よりも、企業の役に立つキャリア教育をひたすらに推し進めています。新自由主義独裁に包囲されているというのが、現在の多くの大学と大学生の現実です。

ですから、「大学では学問の自由が守られなければならない」という原則論を唱えるだけでなく、この新自由主義独裁に包囲されたなかで、いかにオルタナティブな場所をつくるかという日々の実践が必要です。学生同士のあいだでは、「就活」の成功へ向けて、自分の「市場価値」を高めるための「コミュ力」や「人間力」という言葉が、日常的に飛び交っています。かたや、大部数を発行する週刊誌では中国、韓国への排外主義的言説が毎週のように溢れ、書店では嫌中・嫌韓を主張する本が多数並べられています。

こうした新自由主義独裁と排外主義に包囲されているなかで、それを学生が相対化することは容易ではありません。状況のおかしさに気がついたとしても、一人ではその考えを維持することすら難しい。私が学生とともに「愛知県　学費と奨学金を考える会」を結成したのは、オルタナティブな場所を作りたかったからです。こうした場所を作らなければ、「新自由主義」や「排外主義」を相対化し、「自分の頭で考え、判断できる」学生を育成することは難しいでしょう。

新自由主義によって、多忙化・個別化・分断化が深刻な段階まで進んでいますから、お互いに議論をし、考えを共有できるような場所をつくり、維持していくことは容易ではありません。しかし、現在進行している貧困化を放置すれば、この社会を維持していくことは極めて困難になります。「企業マインド」は確かに多くの若年層に浸透していますが、冷静に考えればそれが自分たちの将来を保障しない現実が見えてきます。居場所作りの実践は、新自由主義独裁の「洗脳」から身を引きはがし、冷静な思考と仲間を作ることができる点で、とても重要だと思います。

まず必要なのは、大学生や若年層の多くが今、どのような状況に包囲されているかを、上の世代の人々が理解することでしょうね。あまりにも厳しい就活、奨学金問題、ブラックバイト、ブラック企業の実情がわからなければ、学生をはじめ若年層とのつながり方を考えることもできないはずです。そこから出発すべきではないでしょうか。

「受益者負担」幻想を超えるために

宇都宮　新自由主義や市場原理主義という言葉が言われるようになって久しいのですが、そうした主義を乗り越えた先にどのような目標や価値を掲げればよいのでしょうか。私は実際的に考えることが多いのですが、特定の宗教やサラ金のようなものに攻撃されている場合は、そこからの解放のあり方もはっきりとしています。しかし、新自由主義からの解放という場合には、何を目指せばよいのでしょうか。

大内　新自由主義に対するオルタナティブとしては、渡辺治さんや後藤道夫さんらの主張する「新福祉国家」、スーザン・ジョージの言う「オルター・グローバリゼーション」、「グローバル・ジャスティス」などが出されていますが、宇都宮さんのおっしゃる通り、運動を進める側のなかでも明確な合意ができている状況にはありません。ですから、現段階では運動に関わっている個々人が、それぞれの領域で、具体的な目標を定めてやっていくしかないと思っています。その積み重ねの上に、幅広く共有できる目標や社会像を作っていきたいです。

私が携わっている奨学金問題について言えば、有利子の無利子化、そして給付型奨学金の導入と拡大が具体的な目標となります。貸与ばかりで、しかも全体の七割が有利子という現在の奨学金制度のあり方には大きな問題があるとして、運動を開始しました。それと同時に、奨学金の現在のあり方は新自由主義独裁の一翼を担っていますから、これを変えていくことは、新自由主義独裁への批判という意味を持ちます。

今の現象を「新自由主義である」と名指すだけに終わってしまうのではなく、具体的に運動課題を設定して、新自由主義批判を実践していくことが重要だと思います。

宇都宮　クレ・サラ問題のときは、標的がクレジット会社や消費者金融といったかたちではっきりしていましたし、高利や厳しい取り立て、あるいは過剰融資を規制・禁止するという点に焦点を絞って力を結集するということができましたから、運動を組み立てやすかったのです。ところが貧困問題については、いろいろなことを考えなければいけなくなります。働き方一つとっても、何から手をつけていいのかはさまざまですし、すでに存在する労働組合という巨大な組織との関係のなかで、私たちの役割を考えていかなければなりません。貧困を顕在化させることはできましたが、食い止めるためにどの具体的な課題に取り組むのが一番効果的なのか、それが問題になっているのです。そうした課題や目標の設定が、非常に難しいところだと感じています。

大内　反貧困運動が一定の成果を上げた後に、ブラック企業、奨学金、ブラックバイトなどの課題を社会運動が設定したのは、まずは標的をはっきりさせる必要があったからです。そうした標的と一つひとつ対峙していくなかで、社会運動の力量を高めていくことが重要でしょう。

――大学と貧困の問題に関して言えば、学費を安くする、無償化するということも、抜本的な解決方法として考えられるのではないでしょうか。

大内　そうですね。ですから、有利子の無利子化、給付型奨学金の導入と拡大など奨学金制度の改善の後には、学費の無償化がテーマになります。その方向へ向けて、一歩ずつやっていくことが大切ですね。

宇都宮　教育の重要な役割の一つは、貧困の連鎖を断ち切ることです。どのような家庭の子どもでも、高等教育を含めて自由に受けられなければならないと思います。

――受益者負担の意識が高まっているという問題提起がありました。大学という場からは、そうした意識をどのようにすれば打破していけるでしょうか。

大内　日本の場合には、大学授業料が値上がりし始めてからすでに四〇年が経ちます。「教育の受益者負担」はその期間に強固に形成された大衆意識ですから、非常に根深い問題ですね。まずは授業料値上げによって私費負担が増加し、その後に親の所得が低下したために、奨学金の利用者が増加しました。その奨学金は利子付きが多かったために、卒業後の返済問題が深刻化しています。問題が幾重にも積み重なっている状況です。「教育の受益者負担」の論理が浸透し、教育の「市場化」から「金融化」の段階に達しています。

根本的には、大学における研究や教育という営みが、私たちの社会において持つ公共的役割をはっきりさせることが重要でしょう。しかし、そのためには粘り強い議論の積み重ねと長期の取り組みが必要だと思います。

現在の切迫した状況を伝え、事態をできるだけ早期に改善するためには、近年大きな議論となっている「子どもの貧困」問題とも関連させながら、高い学費と現在の奨学金制度は「生まれによる差別を固定化する」、というメッセージを社会に伝えることではないかと考えています。

学費を払っているのは親であることが多いですから、親の経済力によって、子どもが奨学金を借りるかどうか、いくら借りるかが決まっています。ですから、多額の奨学金を借りていても、借りている本人に問題があるのではなく、親に経済力がないから借りざるを得ないことが多いのです。そうすると、生まれた家庭の経済力によって、奨学金を借りるかどうか、あるいは借りる額が決まっていって、その返済の負担は、学生の卒業後の生活に跳ね返ってくる。

本人の努力とは関係ない原因によって多額の借金を背負い、返済に苦しまなければならない。また、親の経済力によって、大学に進学すらできない人も大勢います。それは不公平ではないかと訴えるのが、現時点では最も有効であると思います。奨学金問題は、「生まれによる差別」に鈍感な日本社会が引き起こしている問題です。「お金のある家庭の子どもは、高いレベルの教育を受けられるのは構わない」、「お金のない家庭に生まれたら、高いレベルの教育を受けられなくても仕方がない」という、かなり幅広い層に浸透している大衆意識を、教育の機会均等と社会的公正の原則、そして「生まれによる差別」への反対によって変革していくことが重要だと思います。

宇都宮　日本は九四年に子どもの権利条約を批准しています。そこでは国には子どもの成長と発達を保障することが義務づけられています。そのことの意味を、もう一度考えるべきでしょうね。

第3章 「教育の病」から見えるブラック化した学校現場

内田 良 × 大内裕和

内田良さんは、教育社会学という私と同じ分野の研究者です。内田さんは数多くの優れた研究成果を出されており、年齢は私よりもかなり若いですが、すでに教育社会学を代表する研究者となっています。組体操や柔道事故、2分の1成人式など、教育現場の諸問題への鋭い発言に注目し、対談をお願いしました。対談に向けて、大学院時代に内田さんが取り組まれた児童虐待についての研究などを初めて読むことにより、現在にまで通底する彼の問題意識が見えてきました。対談当日に、内田さんの問題意識と私の問題意識を突き合わせる作業を試みたところ、数多くの有意義な発見がありました。今回、出会いと新たな発見が対談の醍醐味であることを再確認しました。

組体操事故の展開

大内　本日は内田良さんと、現在の教育をめぐる問題について議論したいと思っています。内田さんはこれまで、教育研究においてとても刺激的で、重要なお仕事をなさってきました。最初に書かれた本である『「児童虐待」へのまなざし――社会現象はどう語られるのか』（世界思想社、二〇〇九年）では、「児童虐待」への常識的「まなざし」を問い直す試みがなされています。

具体的には、児童相談所における虐待的相談対応件数を取り上げ、虐待が都市化と結びつけて捉えられていること、そのことが「虐待」増加説を支えていることを明らかにしています。また、誰が「虐待」を定義するのかという問いから、虐待をどのように定義するかが、虐待をいかに捉えるかという認識的課題、そしてどうやって解決するのかという実践的課題と深く関わっている点を考察されています。虐待の定義やそれを捉えるまなざしが、当事者の認識や行為にどのような影響を与えるのかについても、インタビュー分析を通して、明らかにされています。

次のお仕事である『柔道事故』（河出書房新社、二〇一三年）は、これまで集合体として把握されてもこなかった柔道事故を取り上げた点で斬新であり、重要な問題提起を行った研究です。内田さんはここで、柔道事故の事例を丁寧に分析され、なぜ重大事故が避けられなかったのかを、学校教育の現場の論理や柔道をめぐるさまざまな力学を考察することで明らかにされています。

これらに続いて出された『教育という病――子どもと先生を苦しめる「教育リスク」』（光文社新書、二〇一五年）は、画期的なお仕事だと私は思います。この本では、組体操、2分の1成人式、運動部活動における体罰と事故、部活動顧問、柔道問題といった、教育の現在に切り込む際に有効なトピックを取り上げ、その一つひとつについて鋭い考察をなさっています。そして、全体を通して今の教育の病理が浮かび上がってくる点が秀逸です。私もとても興味深く読ませていただきました。

今回の対談で、まずは『教育という病』でもトップに取り上げられていて、しかもここのところマスメディアで巨大な話題になっている組体操の問題から、議論したいと思います。私もテレビや新聞などで組体操のニュースには注目していますが、すべてに目を通しているわけではありませんので、まずは内田さんから最新の情報をお聞きしたいです。とりわけ組体操をめぐっては、ここのところ事態が急に動いていますし、メディアに出られている内田さんにもさまざまな反応があると思いますので、まずそのあたりからお話をお願いできますでしょうか。

内田　大変過分なご紹介をいただきましてありがとうございます。大内さんと自分の問題意識はすごくつながる部分があります。大内さんのお仕事はこれまで、「ブラック企業」という「大人の問題」だったものを、『ブラック化する教育』（青土社、二〇一五年）に代表されるように、若者、さらには子どものところにまで落としてきてくださったところに大きな意義があるのだと思います。

教育の分野では、さまざまな問題が「これは教育なんだから」ということで片づけられてしまう。ブラック企業が社会問題化される過程でもそうでしたが、「これはブラックだ」という問題が個人化されて処理されてしまう。教育の場合には、そこに「教育の一環」という正当性のある言葉が加わって、問題がいっそう見えにくくなっています。

今、学校の先生たちも顧問の負担も含めて「ブラック部活」という言葉を使っていて、ますます「〝大内化〟する教育」というものになってきています（笑）。言葉は本当に大事ですね。「ブラック」と言うだけで、「これは『教育だから』で片づけてよい問題ではないよね」と見え方ががらりと変わりますから。

組体操に関しては、具体的にどういう問題があるかはまた後で申し上げるとして、二月に入ってから急速に事態が動いています。果たしてこの対談が出る頃には何が起きているかわからない状況です。文科省もついに安全策の推進に乗り出してきています。二月一六日には、超党派の議員連盟（「学校管理下における重大事故を考える議員連盟」）が立ち上がりました。そしていくつかの自治体は、全面廃止を含め、組体操の規制に踏み込んでいます。五月の運動会を前にして、ますます規制に乗り出す自治体が出てくることでしょう。すごいところでは、千葉県の流山市や柏市、野田市などが組体操の全面禁止を発表しました。そして大阪市はピラミッドとタワーをやめるとのことです。

私としては、ここまで極端に進む必要はないのに、というのが正直なところなのです（苦笑）。これには二つの理由があります。第一に、「扇」などの一段のものも組体操と言いますね。そういったものまで、上から全部やめろというのは過激です。第二の理由は、怪我人が出るものを全て防ぐということになると、走ることさえもやめなくてはいけなくなります。リスク管理というのは、「より危険なものを少し軽減しましょう」という考え方であって、別にブラックバイトだってバイトをなくしましょうという話ではないわけです（笑）。「ブラック組体操」という言い方をするとしても、組体操そのものは、やっていいものもあるのではないかと考えるべきです。結局学校現場が「上から言われてやめました」というのでは、何も考えていないに等しくて、本当は一体何が危険だったのかを考えて欲しいのです。だからこそ、とくに全面禁止に関しては、疑問も残るというのが正直な気持ちです。でも、このまま学校まかせにしていては、これからも事故が繰り返されていく。文科省も全面禁止にまではいかないと思いますが、何らかの対応はすると思っています。

なお、「教育とは、基本的には各自治体・学校に任せるもの」という考え方があります。私もそのスタンスには共感しますが、さすがに子どもの安全が関わっている部分に関しては、別途考えるべきでしょう。組体操に関しては、学校側が、この一〇年くらいで巨大化・高層化させてきました。二〇一四年度には教育界では、組体操の問題がかなり知られるようになりましたが、それでもブレーキがかからなかった学校が数多くあり、教育委員会もそれを容認してきました。これを見ると、「子どもの安全を守る」という意味で、運動会前のこの時期に、文科省が積極的に教育委員会や学校に働きかけるべきなのです。そこは「子どもを守る」という国家の役目としては大事ではないかと考えています。

組体操事故問題の発見

大内　内田さんは本のなかで、「リスクがなぜわからないんだ」と警鐘を鳴らしていました。しかし、今日の段階では「そこまで抑え込んだらちょっとまずいんじゃないか」（笑）というふうに言わざるを得ないくらいに、状況が激変しているということですね。それは激変であると同時に、ある種の連続性があります。本当はリスクをちゃんと見つめて考えて欲しいという意味で警鐘を鳴らしたのに、まったく何も考えずに「言われたからやめる」という方向で現場が動く。そうするとリスクを放置してきた本質は何も変わっていなくて、ただ表面的な現象が変わっただけということになってしまいます。
その背景には、現在の日本の教育行政が「各自治体・各学校に任せる」と言いながら、実際には教育現場への管理・統制が強力で、自治体や学校も自分自身で考えて物事を判断するのではなく、周囲の学校や自治体がどうしているかを横目で見てから、大勢に合わせて行く習慣が身についてしまっているということがあります。教育現場が判断力を失ってきているということが、一番大きな問題だと思います。
まずはこのテーマを考えるために、リスクがほとんど認識されていなかった時期に、内田さんがどのように組体操の問題を発見されたのかについてお話していただきたいと思います。本のなかでは、ある画像を見て組体操の危険を直感されたと書かれていましたね。

内田 「直感」というとまるで私が出発点のように思えますが、実は組体操に関して、私がインターネットで記事を出してかなり盛り上がったのは二〇一四年五月です。その半年くらい前に、とある記者から運動会の怪我について調べたらどうかというふうに言われました。そのとき実は私自身まだ問題意識はなくて、その場では流してしまいました。そして二〇一四年五月に、ツイッター上でたまたま同じタイミングで何人かの方から、「組体操は危険だから内田さんに考えてみてほしい」と言われました。そのなかのお一人に勧められた動画を見て、とにかくびっくりしました。そこで初めて、「これはやばい」と感じました。

大内 危険に気づかれて、どういう作業から始められたのですか？

内田 既に何人かの方がそういった危機感を持っていたことを含めてウェブを見てみると、確かに保護者の方などがブログでこそっとつぶやかれていたりしました。「組体操は怖いと思う」という意見が点在していた状況です。当初は「そういう意見があるのか」と読んだり、組体操一〇段は事故が起きていなくてもそもそもの問題として明らかにおかしいと考えていたりしました。

私の仕事では、できるだけ数字を使ってものを言えるといいな、と常日頃から思っていますので、まずはいろいろな事故のデータを調べました。国立競技場で問題になった日本スポーツ振興センターが何十年も事故統計を出していますが、「組体操」という項目がこの四年くらいで初めて挙がってきています。恐らくその背景には、事故が多いために新たに別途カテゴリー化されたということがあると思います。それにより、ここ四年くらいの動向がわかりましたが、小学校では跳び箱、バスケットボールに次いで怪我が多い。さらには、学習指導要領を調べたら、どこにも「組体操」という言葉がありませんでした。バスケットボールや跳び箱はもちろん項目としてありますし、これらの種目は三年生から六年生など、わりとたくさんの学年でやっています。組体操は恐らく一学年、六年生が運動会の華としてやるだけです。地域別に見ても、全ての学校でやっているわけではない。さらに調べていくと、学習指導要領に載っていないけれど、種目別に見たときに事故件数は上から三番目、事故率は跳び箱、バスケットボールよりも高い可能性もある、ということが見えてきました。そこでこれはなぜだと思ったのです。

組体操が国にやれと言われてやむなくやっているならまだわかりますが、学校が勝手に暴走しているわけです。ある程度のエビデンスも見えてきたので、これはちゃんと訴えるべきだと思い、そこで声が集まったのが二〇一四年五月の金曜日で、運動会シーズン真っただ中でした。慌てて土日の間に資料収集をして月曜日に記事を出しました。そうしたらたまたまヤフーニュースのトップページに引っ張っていただいて、一気に火が付いたという感じです。

大内　内田さんがそうしたかたちで問題を発見され、ヤフーニュースのトップページの記事になったわけですが、そこで最初にいろいろな反応があったと思います。その反応にこそ、今日の議論の一つのポイントがあると思うのですが、どんな反応がありましたか？

内田　もちろん直接言ってくる人はいませんが、ウェブ上で次々と返ってくるコメントを見て肌で感じたのは、反対意見がめちゃくちゃ多かったことです。私の人格否定も含めとにかく猛烈な反対の嵐でしたね。このあとの議論にも関わってきますが、今は打って変わって賛同の嵐というか、世論の変わり方を感じました。

こちらも大内さんに一つお伺いしたいのですが、ブラックバイトは学生のアンケートのなかでお気づきになられたということですが、そういったものを第三者から聞いてマスコミなどに訴えたときの反応と、そこから一年、二年経ったときの反応は変わりましたか？

大内　問題の発見についてはおっしゃる通りです。ブラックバイトについても、当初とはがらっと変わりました。

内田　そうですよね。ブラックな実態自体はそんなに変わっていないのに、不思議と世の考え方というのは、変わっていくんですよね。だんだんとその考え方に慣れていくというか。

大内　内田さんが提起されたような視点が、当初はほぼ存在しませんでした。そこで巨大な反発を招いたということだと思います。最近でも、内田さんが出演されたＮＨＫ「ＮＥＷＳＷＥＢ」の番組のなかでも、「あんなに素晴らしい組体操をなんでやめるんだ」という内容のツイートが結構ありました。初期の頃は今よりもリスクはもっと知られていませんから、重要な問題提起をされた内田さんへの個人攻撃が行われてしまったのですね。

不可視化されるリスク

大内　組体操について最近わかったことは、その定着ぶりです。組体操が運動会になくてはならないものになっています。内田さんは本のなかで「感動系スペクタクル」と書いていらっしゃいましたが、組体操のない運動会なんてありえない、というところまでいっている地域があります。

驚いたのは、私のゼミの学生から「卒業後も出身校の組体操を見に行きます」という意見を聞いたときです（笑）。卒業生が後輩に「今年の組体操はすごいね」とか「今年は大したことないね」とか、意見を伝えるそうです。そしてもっと驚いたのは、卒業していない学校にも組体操を見に出かける。リスクを考えるどころか、その組体操の高さが、学校間の競争になっていて、地域で「あの学校の組体操は高いらしいぞ」と噂が流れる。そうすると「どうも最近あの学校の組体操はすごいらしいぞ」（笑）となって見に行くそうです。卒業生だけでなく地域を巻き込んだイベントにまでなっています。「何で卒業していない学校まで見に行くの？」と聞くと「普通は見に行きますよ」と言われ、さらにびっくりしました。

内田　とにかく組体操だけを見に行くんです。

大内　それは驚きでした。少し前までは、こんなことは起きていませんでしたから。地域によっては、組体操が「感動系スペクタクル」として、子どもの保護者だけでなく、地域の人々が見に行って、鑑賞あるいは評価する対象にまでなっています。そういう地域があることを学生から聞いたので、内田さんが最初に直面した反発というのは当然あっただろうと納得できます。反発とは違う反応はどのあたりから広がってきましたか？

内田　あの記事を出した直後のことです。研究室に取材ではない電話がかかってきました。なんだろうと思ったら、「うちの息子が組体操で怪我をしました」という内容でした。とあるお子さんのお父様からの電話で、「うちの息子は人間ピラミッドの頂点から落ちて背中を骨折して三、四か月自宅安静で動けない状態だった」と。学校は謝りもしない、本人がおっちょこちょいで落ちたんだ、というレベルですよね。その保護者が何と言ったかというと、地域住民が毎年見に来るように、悔しくてこんなことがあって翌年は何をやっているのか見に行った。そうしたら息子の事故があったのにまた同じことをやっている。これはどういうことだと思った、と。学校は反省もせずに続けている。そういった意見もいくつか入ってきて、やはりこれはちゃんと訴えてよかったなと思いました。

大内　批判が多数であったなかで、当初からよくやってくれたという反応もあったのですね。

内田　そうですね。やはり事故の起き方を見てもそうですし、巨大な組体操、件数の多さを見てもそうですが、どう考えてもやはりおかしいという、自分の判断は間違っていないという問題意識へ自信があったので、そのまま問題を訴え続けようと思いました。

大内　内田さんの訴えが続いてきたからこそ、組体操の問題性が浮かび上がる今日の状況が生まれたのだと思います。やはり、当初は反発が多かったということは、『教育という病』でテーマとされている「感動によってリスクが見えなくなる」という問題が表れているのだと思います。

ツイッターでも、「自分のときの組体操はとてもよかったよ」と思い出をノスタルジックに書く人が大勢います。事故にあっていない当事者のかなりの人たちが、組体操で生まれた感動を肯定していますし、教員のなかでも失敗せずに成功すればそれはいいじゃないかと考えている人も少なくありません。

消費される教育

大内　子どもたちが組体操をする姿を見て、「うるうる」する人たちとして保護者、さらには地域住民がいます。これは内田さんがＮＨＫの「ＮＥＷＳ　ＷＥＢ」でおっしゃっていましたが、みんなビデオカメラを持ってきて組体操を撮ろうと考えている。

ここに私は運動会の変化を感じます。子どもたちの競技としてではなく、運動会が「観客」を意識したイベントとなっている。学校側も、運動会を「観客」にどう見せるかを意識して、「絵になる」イベントを用意するようになっているように思います。その過程でアクロバティックなものが歓迎され、過剰な「演出」が行われるようになってきたのではないでしょうか。

新自由主義が進むなかで、保護者や地域住民の「消費者」化が進んでいます。学校は保護者や地域住民から「消費者」としての視線を注がれ、そのことを意識している。学校は保護者や地域住民ら「消費者」＝「観客」の期待に応えようとして、運動会にも「見せ場」のあるものを入れなければと考える。ですから、高層化した組体操があんなに広がったのではないでしょうか。

組体操はかつても学校で行われた時期がありましたが、さまざまな問題が起こって止めてきた経緯があります。二〇〇〇年代に入ってからリバイバルされたと内田さんは本で書かれています。組体操は二〇〇〇年代に入って運動会の「見せ場」として歓迎されたという要素が大きいのではないかと思うのですが、いかがでしょうか。

内田　その通りです。私はそれを「無料のサーカス」と皮肉に表現しているのですが、無料で組体操というサーカスが見られるという、まさに消費の対象ですよね。運動会は昔からある程度にぎやかではありましたが、それはただのお祭り的なにぎやかさだったわけです。玉送りだとか玉入れだとか、地域住民と一緒にお祭り的にやる程度でしたが、今は完全にショーになっています。子どもがパフォーマーで、保護者や地域住民がそれを消費するのです。

大内　やはりそこには、保護者や地域住民の「消費者」化と、それに応えようとする学校の姿勢が影響していると思います。そこに手軽なビデオカメラやデジタルカメラの普及というテクノロジーの進歩が加わっています。これらが合わさって、組体操は運動会のなかで感動的な「見せ場」をつくるものとして歓迎された。それが、組体操が広がっていった重要な要因の一つでしょう。

2分の1成人式と〈家族〉幻想

大内　内田さんが『教育という病』で二番目に取り上げられた「2分の1成人式」というのも、私の小学校時代には行われていませんでした。ある世代から急に広がりましたね。私も「2分の1成人式」という単語自体は以前から耳にしていました。しかし、これがこのような内容のものであるとは、小学生の子どもを持つ皆さん以外は知らない方が多いのではないでしょうか。内田さんはどのあたりで「2分の1成人式」の問題に気づかれたのですか?

内田　私ももともとは2分の1成人式なんて何にも知らなくて、たまたまとある方から、「2分の1成人式という変な行事があるよ」と教えてもらいました。これは組体操にも通底しますが、言葉上は変なものではないのですよ。一〇歳のお祝いをするならいいんじゃないか、と思って調べてみたら、これはびっくりの内容でした。まさにここでも子どもは消費の対象です。

調べてみて一番酷いと感じたものは、親を泣かせる歌、泣かせる手紙をどう演出すればよいかという先生のための指導資料です。「泣かせる歌ベスト3」とか言っているのです。手紙のほうも、どうやって親を泣かせるかということが語られているし、感動のストーリーというものがつくられている。子どもが手紙を書くにあたっては、二つのことを書きなさいと言うのです。一つは普段してもらっていたありがたいこと、もう一つは昔、怪我をしたり病気をしたりしたときにどういうことをしてもらったかということです。この二つが来て「ありがとう」と言われたら、親はもううるっときますよね。組体操以上に感動スペクタクルです。

大内　「2分の1成人式」はここ一〇年間くらいで広がってきたとのことですが、何か広がる要因はあったのでしょうか。

内田　それは大内さんに消費者化と絡めて論じていただきたいです（笑）。

組体操ではまだ説明できました。一回やって拍手される。ああいいな、来年はもうちょっといいのをやろうか、といった具合にエスカレートするのはわからないでもないのですが……。2分の1成人式も一緒でしょうか。やればみんな大泣きです。子どもも先生も大泣きして「よかった」と言って、それが次の学年の先生に伝わっていくという感じですよね。

大内　内田さんから、とても難しい問いを出されてしまいましたね（笑）。少し待ってください。その理由を考えます。

うーん、やはり学校現場に「2分の1成人式」が歓迎されたのでしょうね。感動の演出が行われていて、それが子ども本人、保護者、教員の三者にとても良いものとして受け止められてきたから、大きな問題をはらみながらも、こんなに広がってきたということではないでしょうか。

「親の満足」に応える？

大内　内田さんの本を読んで、先ほどの問いを考えるヒントになるなと思ったのは、最後のほうに書かれている、「保護者にいかにして満足してもらえるか」という点です。

内田　まさにおっしゃる通り、どうやら先生たちが保護者からの礼賛を得たがっているということがあります。もっと言うと、信頼を得たがっている。

大内　ということは逆に言うと、信頼を得られていないのではないか、満足してもらえなかったら大変だという感覚が、教員サイドや学校サイドに広がっているということではないですか。そのことが「2分の1成人式」のようなものを求める素地になっている。

内田　そうだと思います。

大内　そうすると、私が『現代思想』のこれまでの教育特集で問題にしてきたように、新自由主義に基づく教育改革を進めたら、学校が消費者の論理に包囲され、翻弄されてしまうという事態が、ここでも表れているということだと思います。感動を作為的にも演出し、親＝「消費者」の要求を巧みに受け止めつつ、満足して家に帰ってもらうという感じですよね。

内田　市場化や消費者化のほうにこの議論を引っ張っていただくと、とても整理がしやすいかなと思います。

組体操も2分の1成人式もそうなのですが、始めたのは学校です。保護者の要望があって始めたのではありません。組体操は巨大化していき、2分の1成人式も大げさになっていった。ところが、まずい部分はやめたらどうかと提案をしたときの学校の反応は興味深いものがあります。「いやいや、保護者たちはやりたがっていますから」と。これには私は驚いてしまって、「始めたのはあなたたちでしょう?」と思いました。毎年それを派手にしていくのも、別に保護者が要望したものではありませんし、先生たちの意思ですよね。なのに、いざやめるかどうかという話になったとき、「保護者がやりたがってますから」と。

大内　教育改革のなかで「特色ある学校」とか「個性ある学校」ということが、しばしば言われるようになりました。小・中学校の義務教育段階で「学校選択」制度が導入されている地域は競争を強いられていますし、少子化のなかで「選ばれる学校」にならなければならないというプレッシャーは高まっています。

新自由主義の悪影響はこういうかたちで表れるのですね。「親の満足」を得ないと教育実践や学校運営がうまく行かないところまで、学校や教員が追い込まれる状況をつくったということでしょう。式自体もイベント化していますよね。

内田　完全にイベント化されています。式次第があり、歌があり……というパターンも決まっていて、最後のほうで子どもが親に手紙を読むというのがある。そこでだいたいはサプライズがあって、親が子どもに手紙を読むのを当日まで明かさずにいる。そこで親が初めてサプライズで手紙を読んで、みんなが泣く。

「感動の演出」という問題

大内　新自由主義という枠のなかで、消費者化する親・保護者の要望に応えるかたちで2分の1成人式が広がってきました。その2分の1成人式に、強力な抑圧構造があるということを、内田さんは発見されました。

そこでは、特定の家族像が前提にされています。両親が揃っていて、虐待が存在せず、子どもも親も良き思い出を持っている家族です。しかし、その像に合わない家族の子どもと親が、2分の1成人式では、思い出したくない過去の記憶と向かい合ったり、それを手紙に書くことを強いられています。たとえ九割の参加者が感動したとしても、残りの一割の人たちに大きな傷をつくることになります。2分の1成人式は、そういうことに対する学校現場の鈍感さを示していると言えるでしょう。

中学校の卒業式でも、親からサプライズの手紙を子どもに渡すということがあるようですね。

学校から書類が来て「この手紙は全員で行うものですから、必ず従ってください。全員でやらないと感動を呼びませんから。それに当日までちゃんと隠してください」という内容でした。「わたしはこんなのを書くのは嫌だ」という保護者の意見を、フェイスブックで見ました。「嫌だ」とフェイスブックでは書けるけれど、おそらく学校に対して直接「嫌です」とはとても言えない。このあたりに今の学校の「気持ち悪さ」が表れていると思います。

内田 まったく同じことを2分の1成人式でも知っています。「必ずみんな書いてください。書かなければ式が潰れます」と。何という脅しだろうと思います。おそらくそのときの先生の意識は、単に「サボらないでね」というだけで、その背景にある闇の部分には何も気づいていない。プライベートな生活に対する配慮が欠けています。

大内 サプライズが制度化されているとは、とても変ですね。

内田さんがおっしゃったことで大事なことは、こういったことを学校側が進めているということです。それなのに、何か他から批判されたら「親が望んでいるから」と答える。

内田 学校が主体なんです。

大内 学校が保護者によく思われたい、あるいは受け入れてもらいたいという気持ちをかつて以上に持つようになっていて、自分から始めたのに、自分が何かしたいからではなく、「親が望んでいるから」という理由で、批判があっても続けていく。部分的な改善を図ろうと思って内田さんが提案しても、それをなかなか受け入れないのでしょう。

内田 もちろん保護者から信頼を得なければいけないような、消費者化する社会自体はあると思います。他方で教育というのは学校が決める権限があって、しかも組体操も2分の1成人式も、自分たちで決めてやっているわけですよね。もしかしたら大内さんの消費者化の批判の議論もうまいこと回収されるかもしれませんね。つまり、「今は保護者も消費者化していますから……」と（笑）。

大内　それは困りましたね（笑）。しかし、それは消費者化という言葉を使っての、学校の責任回避ですよね。保護者が望んでいるのだからというかたちで、学校自らの責任の所在を隠しています。

内田　感動を呼ぶものについては、ある側面においては先生たちもやりたがっています。サプライズで誰が一番嬉しいかといったら、仕掛け人ですよね、仕掛けられた人以上に。それを保護者のせいにしないでよと思います。

大内　2分の1成人式という「感動の演出」が全員に押しつけられて、「わたしはもうたまらない」という親が存在しているにもかかわらず、その声がなかなか表に出てきません。「感動のスペクタクル」はすでに制度化されていて、お決まりのストーリーに合うように自分の過去を偽ったり、捏造したりすることを参加者は強いられてしまう。そうなると何重もの抑圧ですよね。

内田　過去を捏造するというのは、児童虐待の研究をしていたとき、そういう話をいくつか聞きました。学校では「お父さん・お母さんありがとう」と言わされるという話は昔からあって、虐待を受けてきた人はそういうときに捏造するのだそうです。そんなのそもそも思い当たらないし、思い当たるとしたら五年前にあったかな、とかそれくらいであるにもかかわらず。虐待する親もたまに優しいときがありますから、そのときの記憶を大事に何度も再利用していくのです。でも先生はそれにコロッと騙されて、「みんな感動して泣いている」となる。

大内　歴史家のホブズボームに倣うと"invention of tradition"ならぬ"invention of memory"ですね。「感動のストーリー」に合った「記憶の捏造」が強制されています。そこには強烈な抑圧がかかっています。ひどいですね。そんなことは即刻止めてもらいたいです。

内田さんの指摘も受けながら、家族の問題については触れないようにしている教員や校長も登場されたと本に書かれていました。それがなかなか広がらないということでしょうか。

内田　組体操もそうでしたが、その問題が見えてきたとしても、「じゃあそれはやめましょう」とか「他のものに改善していきましょう」ということにはなかなかなりません。組体操がこれだけ早く動いたのは、年に二回運動会があって、そのたびに私やマスコミが記事を出したので、みんなの意識が高いところを維持できたのが大きいと思います。

しかし2分の1成人式は一年に一回で、終わるたびにみんな問題点を忘れていくので難しいですね。継続的に言える機会があるということは大事だなと思います。ブラックバイトなんて年がら年中ですが。

大内　2分の1成人式で、具体的に困っている人がいるということを本やマスコミ報道、SNSなどで気がつくということはあると思います。実際に2分の1成人式を行っている学校の先生は、少数であるということはあるにせよ、そういうことになかなか気がつかれないのでしょうかね。

内田　むしろ、わかっていても蓋をするのではないでしょうか。組体操もそうです。「事故が起きていたのは知りませんでした」とは言わないですよね。事故は起きているのは知っているけれど、でもやっぱり感動のほうに心が揺れてしまう。

大内　そうするとより根が深いですね。教室のなかにそういう物語には合わない子どもたちがいるということをある程度察知しているにもかかわらず、感動を選ぶ。そこに問題がありそうですね。

内田　ついこの前読んだのですが、感謝の手紙を書けない子どもがいるというものです。そういう子どもには強制してはなりません、と書いてある。「いいこと言ってるな」と思ったのですが、どうやら話は違っていました。まずはその子に向き合って、「ああそうかー、書けないんだねー。でもほら、この前インフルエンザにかかったでしょう？　あのときどうだった？」というふうにして親の関与についての記憶を引き出していきましょう、ということなんです。

大内　より「巧みな回収」をするという方向に行くのですね。

内田　「強制するな」とはそういう意味でした。より深い強制だと思いますけど。

現場の病を問う

大内　内田さんの『教育という病』を教職課程のゼミで、学生たちと一緒に読みました。将来教員になる学生たちの多くは、組体操や2分の1成人式の問題性を知った瞬間に「それはいけない」と考えるようになりますが、大学のゼミとは異なる力が、学校では働いています。私のゼミの学生たちが教育現場に行ったときに、果たして「それはいけない」と言って異なる教育実践ができるかが課題ですね。学校の現場はその問題性をある程度知っているにもかかわらず、感動のほうを選択していて、応じない生徒がいても誘導しています。ゼミの学生たちが現場でそれを変えようと思っても、それはなかなかできない。それが「病」ではないでしょうか。

内田　『教育という病』でも、そのあたりはできるだけ見えるようにしたかったのです。「いじめはやってはいけない」とは誰もが言えるのですが、しかし2分の1成人式や組体操は、それにどんな負の側面があっても、「教育でこんないいことあるじゃん」というふうにして蓋ができてしまう。

大内　そんなにまでして、そういうことを求める動機は何なのでしょうね。

内田　もう一つ、まだ出てきていないキーワードがあるとすれば、クラス全体の「絆」でしょう。「絆」、ないしは「一体感」です。みんなが同じ空気に包まれていると思われることの居心地のよさ。そういうところも重要な役割を果たしていると思います。

大内　日本の学校教育においては集団性の価値が、とても高く設定されていますね。その集団性を発揮できる場として、2分の1成人式があるということですね。

内田　そうですね。組体操もみんなで一つのものをつくりますからね。みんなで一つの空気に包まれ、みんなで一つの催し物をつくる。

大内　それに耐えがたい人がいるということに、なぜ蓋をしてしまうのか。なぜ感動や一体感のほうが勝っていってしまうのか。大事な問いですね。組体操や2分の1成人式について、嫌がる人や傷つく人の存在に気がつかないということの問題性を中心に、今年度の大学のゼミでは議論しました。でももっと根深い問題は、嫌がる人や傷つく人の存在を知りつつも、「感動」を選ぼうとする学校や教育のあり方にあるのですね。著者である内田さんとお話することで、『教育という病』がより深く読めてきました（笑）。来年度のゼミの参考にさせていただきます。

柔道事故と体罰問題

大内　この脈絡で、『教育という病』で取り上げられた別のテーマである柔道事故や体罰、部活動問題についてはいかがですか。

内田　同じような文脈で行くならば、柔道事故を問題にしたときの反応として多かったのは、「柔道はよいものだ」というものでした。またスポーツ事故全般に言えることですが、事故のことを言うと、「スポーツに怪我は付き物だ」と。こうしてすべてが一蹴されてしまうのです。

柔道も教育の一環ですし、よいことはもちろんたくさんあるわけですが。だからこそ、私はちゃんとエビデンスを示しながら、他の競技より事故が多いということ、しかも毎年同じような事故――最近は「コピペ事故」と呼んでいます――が起きているということを示しながら、事故は予見可能だということを言っています。例えばフランスは柔道大国で日本の三倍の競技人口があるのですが、柔道による子どもの死亡事故はどうやら一件も起きていないようなのです。最初は私も疑っていたのですが、いろいろなルートから情報が入ってきても、どうにも本当にないらしい。そういう意味でも、とにかく日本の柔道が予見可能な同じ事故を繰り返しているのにもかかわらず、「柔道はスポーツの一環で教育的意義のあるものなのだから」、そして「怪我は付き物なのだから」ということで一蹴してはいけないと思っています。

大内　柔道事故を話題にされたのが、ちょうど武道の必修化の時期でしたから、内田さんもこの問題をどのように語ったらよいか、難しい立場におられたのではないかと思います。そのあたりについてはいかがですか。

内田　とても難しい問題でした。柔道などには怪我がすごく多いのですが、他方で、武道の必修化をはじめ、柔道に関連する政治的な動きもある。ただ、政治の動きと絡めてしまうと、そっちで盛り上がる人たちがいるのですね。組体操もそうですが、規則において国の介入が関係してくると、政治的な側面を考えずにはいられません。でも、そこはあえて子どもの安全、そしてエビデンスというところで勝負をし、政治的価値には踏み込まないようにしています。内面ではいろいろな思いはあるとしても、です。

大内　政治に触れることによって生まれる混乱や、それによって問題の本質が見えにくくなるということを内田さんは警戒されたのですね。柔道の持っている危険性について、事故があったにもかかわらず、十分な分析も行われず、放置されたままであったことは重大な問題です。

不十分な「安全」

大内　『柔道事故』を読んで、これは柔道固有の問題を考察されていると同時に、ここでの考察を深めていくと、日本の部活動や運動部が共通に抱えている課題も浮かび上がってくるように思いました。

　事故の検証や安全対策が十分ではなく、柔道経験者や専門家のもとで事故が起きています。私の勤務する大学にはスポーツ科学部の学生もいるので「リスク回避できなかったら、プロの指導者ではないだろう」と、講義やゼミでよく言っています。しかし、プロの指導者がリスク回避できていない。それでは指導者ではないですよね。

内田　「科学」が見事に抜けていますよね。よく聞くのは、学校現場で身体の安全を管理しているのは養護教諭、つまり保健室の先生ですが、その人たちと一番対立するのが体育の先生だそうです。これ自体おかしな話ですよね。どちらも身体の学問のはずですから。この対立が日本的スポーツのあり方をよく表していると思います。

大内　二〇一三年一月に、ロンドンオリンピックの柔道日本代表を含む女子ナショナルチーム所属の一五人が、日本代表監督ら指導陣から暴行や暴言を受けてきたことが明らかとなった事件は衝撃的でした。素人考えですが、さすがにそのレベルのところでは、パワハラなどは起こらないのではないかと思っていましたからね。

『柔道事故』に出てきた、バルセロナオリンピック銀メダリスト溝口紀子さんのインタビューはとても興味深い内容でした。特に驚いたのは、しごきで亡くなる柔道事故を目の当たりにして、溝口さんが強豪校への推薦入学を断って、進学校で柔道を続けたら柔道界のなかで四面楚歌になってしまったということです。

また、溝口さんが大学で社会の教員免許をとろうとしたら、先輩から「そんなものはとるな」「本気で柔道するんだったら、そういう余分なことはするな」と言われたそうです。柔道以外のことをしようとすると、それこそ「柔道一直線」ではありませんが、柔道一本で他のことは考えるなと批判される。本人の自由な人生選択すら抑圧している点で、日本のスポーツのまずい面をとても表していると思いました。

内田　そういう文脈で最近よく言われるのは、スポーツ選手のセカンドキャリアについてです。日本のスポーツにはとにかく経験を積めばよいのだ、そうやって一直線でやっていけばその後も生きていけるのだ、という発想があります。しかし他方で、スポーツに関する科学的な知識は毎年アップデートされていくわけで、それをちゃんと吸収できる土台は、大学のうちに培っておくべきです。仮にスポーツで生き残れなかったときの別の生き方、現役を引退したときの生き方も、勉強しておけばいろいろな選択肢が持てるわけです。

大内　フランスの柔道の選手は負けた後に、すぐに自分の負けた試合のビデオを見て、指導者と敗因を分析する。フランスでは一九八〇年代以降からすべての試合をデータベースにしていて、大会のトーナメント表をクリックすれば、すべてその試合の映像を観ることができるようになっている。日本は試合のビデオがデータベースとして機能せず、探すのにとても時間がかかる。これは全く状況が違いますね。

内田　溝口さん曰く、「負けたら日本では怒られる。フランスでは『悪かったのはここじゃない？』と分析する」。なるほど、日本的だと思いました。日本の柔道でよく聞くのは、勝っても怒られるということです。柔道に限らず、日本の部活動は、負けたら怒られるのはもちろん、勝っても怒られるのです。

大内　科学的知識に基づかない、経験論と精神論に傾斜した指導をいまだにしているのですね。それではエビデンスを分析して事故を防ごうなんて発想にはなりませんよね。柔道事故がこれだけ積み重なってきて、部活動顧問の誤った指導によって亡くなっている子どももいたのに、どうして十分な対応をしてこなかったのか。エビデンスに立脚した指導が体育や運動部で行われていないことの問題性は、とりわけこういうところによく表れている。だからこそ体罰についてもいまだに同じような議論を繰り返す状況にあるのだと思います。

暴力が起こる構造

大内　「体罰は行ってはならない」と決まっているにもかかわらず、実際には横行しています。横行していることを多くの人が知っているのに、多くの現場でそのことが放置されています。この中途半端な状況をいまだに続けていることと、柔道事故とはとても関係があると思います。

内田　先ほど、部活動で亡くなった子どももいると仰っていただきました。これが「ブラックバイト」などにつながると感じることですが、柔道で亡くなった子のケースで、私が知っている個別事例のいくつかでは、亡くなる前に既にふらふらなのです。首が座らない状態になった後、更に投げられて頭を打って死んでいるのです。これは、柔道そのものの問題ではない。本当はふらふらになっている時点で止めなくてはならないのですね。ここに精神論や暴力の世界が介入してきて、このブラックな状態を乗り越えてこそ、「お前は一人前だ」という精神論のなかで人が死んでいく。熱中症も同じで、「これはしんどいな」というところで止めておけばいいし、そもそもその状況下で運動すること自体がおかしいのですが、そういう過酷な状況の先に死まで繋がる重大事故が待っています。この点が日本のスポーツのおかしさです。そこにチャレンジすることが評価されてしまう。

大内　そこも根深い問題です。無茶なことを生徒に強いているにもかかわらず、むしろそういう人たちが「指導熱心な先生だ」と評価される傾向さえあります。根性論的な指導観が教育現場のなかに根強く存在しています。

私が『教育という病』のなかでとてもいいなと思ったのは、内田さんがスポーツにおける暴力や過剰鍛錬を考察する際に、社会学者の森田洋司さんが提起した「いじめの四層構造」を援用して分析を行っているところです。被害者／加害者の二者関係のみならず、それを支える観衆と傍観者の存在へと視野を広げるべきだと言われています。

それは具体的には、学校での暴力問題を学校の構成員である教師と生徒の間だけで考えていては不十分だということになります。暴力を支える学校外の「観衆」や「傍観者」を意識することが大切です。「傍観者」をたどっていくと、暴力の文化を支える日本社会のあり方への批判へと射程は伸びていきます。

「観衆」の例でも挙げられていますが、私が最もおぞましいと思うのは「嘆願書」です。どうして暴力をふるった教員に、処分の軽減や指導継続などを求める嘆願書が、多くの賛同者を集めて出されるのでしょうか。あれを平気で行ってしまう教育の現状は、おぞましいとしか言いようがありません。

内田　よくあんなにも、恥ずかしくないのかと思います。暴力を行った先生に対する評価が「いい先生でした」ですよ。

大内　暴力を支える構造が学校の周囲に存在しなければ、ブレーキがもっとかかるはずです。生徒が苦しんでいるところに、更に練習をして事故を起こしてしまうということは、教員本人の指導の稚拙さがあることは明らかです。その稚拙な指導に対して、外部から「よくやった」「頑張っている」という声が上がる。ここに非常に大きな問題があると思います。

内田　これは、指導者と生徒間だけの問題ではまったくありません。日本社会、そしてスポーツ文化全体が抱えている問題ですよね。

それこそ組体操事故を問題化したときに一つ誤算だったのは、問題を訴えたら多くの保護者はきっと同調してくれるだろうと期待していたことでした。たとえ学校が暴走をしたとしても、保護者は組体操事故を止められるほうがいいという立ち位置ではないかと思っていたら、実際には保護者もみんな賛同していたのです。ここがポイントです。一部の人たちは確かに問題意識を持っているけれど、大半の人がいま話題になっている教育や労働のブラック的な側面をむしろ是としています。

大内　内田さんの本のなかで、「学校vs市民」という図式の有効性と限界について述べられているところも重要だと思いました。学校側の問題点を市民が訴え、是正していくという面と、学校側が自らを変革しようとしても市民の側がそれを許さないという面とがあるということです。

科学的知識やエビデンスを排除するかたちで、根性や経験重視の指導が学校で行われているのは事実ですが、それを変えようと学校が試みても、これまでの根性や経験重視の指導を肯定する外部の市民がいるということにも目を向けないと、状況はなかなか改善しません。

ブラックバイトと運動部活動

大内　ここで、私が最近取り組んでいるブラックバイト問題と部活動との関係を議論したいと思います。私は「学生を尊重しないアルバイト」のことをブラックバイトと名づけて、二〇一三年夏から発信を開始しました。そして、学生がどうして、酷い働き方を当然のように受け入れるのかについて考察を行ってきました。バイト先は学生にとって初めて働く場所であることが多く、なぜ他の労働経験もない学生があいう働き方をすんなり受け入れていくのかについて、とても気になって考え続けていました。そして、ブラックバイトが学校の部活動ときわめて親和性を持っていることに気がつきました。

学生から実際に聞いたのは、大学生が高校時代に運動部の部長や副部長をやっているかどうかをバイトの面接で聞かれるというのです。「野球部の部長をやっていました」と答えると、ファミレスのバイト先からすぐに「採用します」と言われるそうです。ファミレスのバイトと野球部は何も関係ないように思えますが（苦笑）、とにかくそのファミレスでは、高校時代に運動部経験がある人が多く採用されているようです。他のバイト先についても「運動部出身は有利」とか「部長は特に有利」と聞きましたから、かなり一般的な事実だと思います。

運動部出身がバイトの採用に有利なだけではありません。働き方も部活動と類似性を持っています。お店での集団の働き方です。打ち合わせの会議の様子やお客さんが入ってきたときにバイトが声を一斉に出すやり方を見ているると、学校の部活動とそっくりです。また、バイトの新人が入ってきた時に、バイト先の先輩が新人に仕事を教える方法や雰囲気も、部活の先輩が後輩の指導をしたり、面倒を見るやり方と似ています。

これまでは「基幹」労働を担う正規雇用労働者がいました。そしてバイトは正規雇用労働者の「補助」労働を行っていました。しかし、現在のブラックバイトは、非正規で低賃金であるにもかかわらず、責任の重い仕事をしています。責任が重い仕事は高い賃金の正規が行い、非正規であるバイトは責任が重くない仕事をするので低賃金であるという関係を壊すのですから、巨大な変化です。

雇用側は、バイトを職場の中核的な戦力として位置づけるという大変革を行うことになりました。高校生や大学生をどうやったら中核的な戦力とすることができるかと考えたときに、雇用側は彼らがなじんでいる学校の部活動の組織原理が役立つと考えたのではないかと私は予想しています。「先輩に言われたから頑張ります」とか「友達のことは裏切れないので辞められません」など、バイトについての学生たちの発言を聞いていると、「これは部活動にそっくりだ」と思ったのですが、いかがでしょうか。

内田 ブラックバイトのことは、「バイト」を「部活」という語に書き換えれば、大内さんはもう一冊本が出せますよ（笑）。本当にそっくりの構造です。長時間の練習も、辞められないという点もそうですね。

大内 「ブラック部活」ですね。ブラック部活とブラックバイトは関連性があるどころか、両者は直結していると言えるかもしれません。理不尽なことを強制されても、「おかしい」と思うのではなく、むしろそれを積極的に受け入れる。理不尽であっても、それに耐えることに価値があるという点で、両者は通底しています。

高校生の部活の話です。夏の合宿は暑い地域で行うので、参加した生徒は毎年、何人かが熱中症にかかります。毎年、熱中症にかかる生徒が出るのに、同じ場所で行い続けるというのです。熱中症の生徒が出るのに、毎年同じ場所で合宿を行うということは、何を意味しているのでしょうか。それは、生徒が合宿中に熱中症になるのは「織り込み済み」だということでしょう。熱中症を回避するどころか、「熱中症になる」ことがある種の通過儀礼になってしまっています。

しかもその合宿所では、ご飯を一人お茶碗四杯くらい参加した生徒全員が食べることが、事実上強制されています。当然食の細い生徒は耐えられないので、戻してしまう。それも毎年起こっていることなのですが、続けているそうです。食事を大量に食べて、かなりの生徒が戻してしまうことも「通過儀礼」になっているのでしょう。ひどい話だと思いました。

ゼミで『ブラックバイト』(堀之内出版、二〇一五年)を学生と読みました。ブラックバイトの事例が紹介されていて、こういった事例が「不当だ」とわかって、とても驚いたという感想が数多く出ました。自分がバイト先で受けているひどい仕打ちが、不当であるとはまったく思わない。中学・高校時代の部活から同じような目にずっと遭っていますから、どんなことがあっても積極的に受け入れてしまいます。こうやって、理不尽なことを理不尽として捉えるのではなくて、それを受け入れていく感覚は、学校の部活動のなかで醸成されているように思いました。

学校教育のなかの部活動

大内　部活動についてはこの間、部活の顧問強制を拒否する運動が先生たちの間で広がっています。とても重要な動きです。

部活動顧問について考えるために、最近二冊の本を読みました。中澤篤史さんの『運動部活動の戦後と現在――なぜスポーツは学校教育に結び付けられるのか』（青弓社、二〇一四年）と神谷拓さんの『運動部活動の教育学入門――歴史とのダイアローグ』（大修館書店、二〇一五年）です。この二冊の本から多くのことを学ぶことができました。

大事なポイントは、戦後を通して運動部の活動が人数においても活動範囲においても拡大し、学校教育のなかに部活動が根深く入り込んできてしまっているということですね。部活動における運動観やスポーツ観がこれまで議論してきたような内容であることに加えて、部活動、特に運動部の学校教育に占める割合が上がっています。

教育について人々は、自分の経験から考えがちです。しかし、「自分の頃はこうだった」と思っていると、今は全く違っているということがしばしばあります。例えば、戦後から一九五〇年代前半までは、部活動にかかわる教員は少なく、そのかかわり方も小さかったのです。また戦後すぐは「校内スポーツの振興」が掲げられ、対外試合基準によって、部活動の対外試合が厳しく規制されていました。するとたとえば対外試合がないから、教員が生徒を引率するという仕事がありません。部活動顧問をしていても、今日のように土日のほとんどが試合などに駆り出されるということはありません。現在とはかなり状況が違っています。

一九五八年に改訂された学習指導要領は、それまでの「試案」から「告示」へと変わり、法的拘束力を持つようになりました。法的拘束力のある学習指導要領にクラブ・部活動が位置づけられたことにより、その実施が各学校の義務とされ、クラブ・部活動が持つ自発的な参加という特質と対立するようになりました。

対外試合基準が緩和されるようになったのは、一九六四年の東京オリンピックです。日本体育協会（日体協）や各種競技団体の要望から、対外試合基準が緩和されていきました。これ以降、学校側と各種競技団体の間で対外試合基準の緩和をめぐって対立が続きました。対外試合について、「宿泊を要しないものに制限」「都道府県内で制限」「高校生は認めるが中学生の参加は認めない」などの学校側から要求した制約が、競技団体の要求によって緩和され続けてきました。対外試合が増えていけば、教員の負担は増えることになります。

同じ部活といっても、一九五〇年代ごろの部活と現在の部活では、活動量や顧問の負担が全く違っています。かつては、平日の短時間の活動が中心ですから「ブラック部活」ではなかったのです。現在の顧問教員の負担は、それとは全く異なる重労働です。

部活動の顧問強制拒否の運動が正当性を持っているように、一度も部活動は教員の正式業務として位置づいたことはありません。顧問の強制には大きな問題があります。しかし、これまでのいろいろな事情があって、教員が事実上やらなくてはならない状態が続いています。とても低額の手当でほとんど休めないというのが、部活顧問を担当する教員の実情です。状況は複雑かつ深刻です。

　しかし、先ほどのブラックバイトの例で挙げたように、部活に入っている生徒にとっては部活動の経験は学校教育で大きな位置を占めています。このときの経験がその後の人生にも大きな影響を与えています。教員の正式な業務に位置づいていないものが、これだけ肥大化してしまっていることが、まずは問題だと思います。

内田　部活動は本来ならば、先ほどおっしゃったように自主的にやるものなのですが、それが実質的にはほぼ制度化されている。厳密には制度ではなく、慣習や因習というかたちになっていますが。そしてそれが、生徒自身の進学にも関わってくる。しかも教員の勤務にも関わっているということで、あまりにも多く根を下ろしています。簡単に改善はできません。

部活動の肥大化

大内　今の学校の部活動のあり方と教員の重労働の状況は絶対に変えていかなくてはいけません。変えるためには、現状を生み出してきた歴史的経緯をしっかりと見つめる必要があります。

第一に教員の超過勤務をめぐってのテーマです。一九六〇年代に、教員の超過勤務が課外の部活動を含めて、問題となっていました。一九六〇年代後半には、超過勤務手当（超勤手当）の支給を求めるいわゆる「超勤訴訟」が全国一斉に提起されていました。

対応を迫られた政府・文部省は、一九七一年に「公立の義務教育諸学校等の教員職員の給与等に関する特別措置法」（給特法）を成立させます。三六協定を結ばずに限定された部分的超勤をさせることができ、その代わりに一律四パーセントの教職調整額を付与することを定めています。

これによって労基法三七条に基づく超勤手当が、教職員には支給されないことが決まりました。日教組は文部省に対して、超勤を命ずる範囲を限定する交渉を行いました。超勤手当が出なければ、超勤を少なくするしか改善の方法がないと考えたからです。この過程でクラブ活動を、超勤を命ずる範囲から削除することで合意がなされました。当時の日教組は部活動を本来は社会教育の活動とすべきだという主張で、そこに超勤命令が出されると労働時間が長くなると考えたからです。

しかし給特法の成立とこの合意は何をもたらしたでしょうか。日教組が考えたように、部活動が学校から地域社会へと移行すれば、教員の労働時間は減ります。しかし、もしも地域社会に移行せず、学校部活動が続けば、超勤手当が払われずに教員は部活動の仕事をしなければならないことになります。実際には部活動の地域社会への移行はなされませんでしたから、部活動は教員の超勤のなかで極めて大きい比重を占めているにもかかわらず、超勤手当が支払われない状態が続いています。

給特法が教員労働にもたらした影響も深刻です。給特法は「教職員には時間外労働はさせない」ことを原則とする法律であり、特定の場合に限り、三六協定を結ぶ必要がなく、かつ超勤手当を支払う必要がない条件で、超過勤務を命ずることができる。その代わりに一律に調整額を支給するという内容です。しかし、これが「教員は給特法が適用されているので、労働時間規制がなく、残業代は教職調整額四パーセントでカバーされている」と誤解されていることがとても多いです。これでは給特法は教員の長時間労働を促進する役割を果たしてしまいます。

第二の問題は学校教育であるはずの部活動が、競技スポーツを支える役割をも果たしているという問題です。部活動の生徒は、各学校の部活動を通じて地区大会や全国大会に出場し、そして各地区や全国の代表メンバーに選抜されます。日本中学校体育連盟（中体連）や全国高等学校体育連盟（高体連）の組織と大会開催や代表メンバーの選出システムが構築されています。海外では日本の部活動の部分の多くは地域スポーツになっています。しかし、日本では、部活動と競技スポーツとの結びつきが強固ですから、学校の部活動を地域社会に移行させることは容易ではないでしょう。

部活動が、競技スポーツと結びつきが強いということは、地域スポーツへの移行が困難であると同時に、学校教育のあり方としても問題が出てきます。学校の部活動では、そこに参加するすべての子どもたちがスポーツに参加し、親しむ権利が守られる必要があります。しかし、競技スポーツとの結びつきは、どうしても勝利至上主義の考え方を強めます。部活動でも大会試合で勝とうと思えば、より能力の高い選手を選抜することが起こるでしょう。そこでは選抜されない子どもが競技に参加する権利は、奪われることになります。

第三に「進学のための運動部活動」の浸透です。学生運動の影響もあって、六〇年代後半以降、大学運動部が忌避され、衰退しました。大学運動部の衰退に危機感を持った日体協が調査や要望を行い、一九八〇年に大学スポーツの強化費一億四〇〇〇万円に対して国庫補助が出されるようになりました。この大学運動部活動の強化は、学生運動で下火になったスポーツ推薦入試の復活を支えました。

スポーツ推薦入試の体制が整備され、要録・調査書において部活動が評価されるようになります。大学を頂点とする国際競技力向上の施策と、要録・調査書における部活動評価によって「進学のための運動部活動」が浸透していきました。このことは「学力」以外のもう一つの進学ルートが形成されたことを意味します。「運動部で良い成績を上げると進学に有利」という考え方が大衆的に広がったと思います。一方でテストでの一点刻みでの入試を行いながら、もう一方で「部活動成績」での合格が可能となっています。「入試の公平性」や「進学に必要な最低学力」という原則を損ないながら、スポーツ推薦入試の存在感は増しています。

そのことと、先ほど話題になった暴力や体罰の問題はつながっています。大阪の桜宮高校バスケットボール部の主将だった生徒が顧問の体罰の末に自殺した事件について、その背景には「運動部が強くなること」に加えて、「部員が大学に進学できる」ということがあるように思います。暴力や体罰を行っても、それで運動部が強くなれば大学進学が可能となるので、子どもも保護者も「感謝」するという構造があるのではないでしょうか。だからこそ顧問への寛大な処分を求める嘆願書が提出されるということが起こる。そこには深い利害関係があるように思います。

内田　人生そのものを牛耳られていますよね。自分の進学を含めて。

大内　そうだと思います。実績を上げた教員は単に運動部の顧問であるだけではなくて、大学進学まで可能にするのですから、時には学校のなかで管理職さえ手を出しにくいほど大きな力を持ってしまう。この構図はスポーツ推薦入試がこれだけ広がらなければ、生じなかったと思います。現在、大学入試の四四パーセントがＡＯ入試と推薦で決まっていますから、こうした実績を上げる部活動顧問の影響力は大きいでしょう。

もう一つ思うのは、教員採用試験の変化です。教員採用試験において、一九八〇年代くらいから、クラブ・部活動に関わる評価が加わるようになっています。競技成績の高い者に対しては特別選考、競技成績に基づいて採用試験の一部免除などの措置が取られるようになります。つまり、生徒も部活で進学し、教員も部活で職を得るという構造が生まれてきます。部活動の評価で採用された教員は、自分の部活動経験やスポーツ推薦入試には疑問を感じない可能性が高いでしょう。また競技成績に基づく特別待遇を受けた者が、地域の中体連や高体連の中核的存在になっていけば、現在の部活動のあり方を批判するどころか、推進する側に回っていくことが多いでしょう。

学校における運動部の比重が増加し、教員採用試験にまで部活動の評価が盛り込まれた結果、何が進行したでしょうか。私は学校の「体育会系化」だと思います。たとえば、ある中学校の国語の先生は、国語の授業時間よりも顧問のバスケットボールの担当時間のほうが長いです。国語の授業準備よりも、バスケットボールの競技練習のビデオチェックに時間を使っています。部活動は教員の正式な業務ではないのですが、事実上「部活専門の先生」が多数登場しています。

ここまで運動部の比重が増加し、学校の体育会系化が進めば、学校での他の活動は劣位に置かれたり、軽視されることになります。組体操や部活動の問題を考えるときに、学校の体育会系化を視野におさめることも重要だと思います。

内田 それを別の言葉で置き換えてみると、部活動の議論で多いのは、教育と競技というのをわけることです。戦後まもなくの時期では、子どものスポーツ指導は教育の一環で、対外試合などはいらないと言われていた。アスリートや強化選手を育てるという意味での競技は別枠でやってくださいという流れでした。それが今や、競技の論理が教育のなかに入り込んでいて部活で全国大会の選手が生まれていくことが当然のようになっています。教育の論理が、競技の論理に負けてしまっているのです。

これは柔道事故とも関係する話題ですが、私がフランスやイギリスの方に「日本でこれだけ事故が起きているのだけれど、みなさんはどうやって指導しているのですか？」と日本の事故状況の資料を渡した上で聞いてみると、みんなが口をそろえて言うのは、「柔道は教育ですよ。教育でなぜ人が死ぬのですか？」ということです。「日本では部活動でオリンピック選手並みのトップアスリートを育てたいの?」と聞かれたのですが、その疑問が核心を突いています。西洋では「教育におけるスポーツ」と「競技におけるスポーツ」をそもそもわける考え方が根付いているように感じました。日本では、さきほど申し上げたとおり、競技が教育を侵食している。競技の論理のもとで先生たちも名を上げたくなってしまう。

大内　勝利至上主義ですから、勝てば無茶な指導をしていても道理が引っ込んでしまう。

内田　教育の論理なんて通用しませんからね。

大内　「あの先生は優勝させたから素晴らしい」という話になります。そこを考えないと、体罰の根深さを説明できないと思います。教育の場であるにもかかわらず、競技の論理が上回っています。しかも、先ほど言った通り、その部活動の成績が要録や調査書に記載されて、進学に影響力を持っています。生徒や親は、部活顧問に従属しがちになる構造に置かれています。

物事を考えて判断できる生徒を育てることが学校教育の役割であるのに、「勝たせる」=「進学させる」のだから、「文句を言わずに従え」という力が働いているように思います。バイト先で「文句を言わずに従え」と強制されているブラックバイトと、とても似ています。教員の正式業務ではないのに、入試という学校選抜に関わるところで、部活動が評価されるようになっているのですから、矛盾は大きいです。

内田　さらにそれが、スポーツ推薦だけでなく、普通の大学の推薦にも組み込まれています。例えばスポーツには関係のない学部の推薦入試でも、「あなたが学校時代どういうことをやりましたか?」と聞くと、なぜか部活動の話が最初に出てきます。「自分は模試でこれだけ好成績を取りました」とか「数学だけなら誰にも負けません」とか、そういう発言は出てこない。「いや、うちの学部では部活動はやらないのだけれど」と返したくなるでしょう。

大内 興味深いですね。スポーツ推薦以外でも部活動が有利になると考えられているとは驚きです。「個性化」や「多様化」入試というスローガンで推薦入試が広がってきましたが、実際には「部活動」特化入試が広がっています。「個性化」や「多様化」は部活動に有利に働いたということですね。

内田 学校はそういうふうに考えてしまっているのでしょうね。部活動で頑張ったことは評価されることだから、推薦のためにやっておけと思ってしまっている。

大内 運動部とは距離のある教育学部でもそうなのですから、関係の深い学部ではなおさらでしょう。

教員の部活顧問拒否が示したもの

大内 部活動の比重が増大し、学校の体育会系化が進行しています。そのことは現在の学校教育に大きな問題を引き起こしています。たとえば、日本の中学校教員の労働時間は、ＯＥＣＤのなかで一番長いです。しかし、授業時間は長くありません（笑）。授業時間以外の労働時間、特に部活動の時間が長時間労働につながっていることは明らかです。教員の疲弊状況は深刻です。

また、土曜日と日曜日を部活動で費やしてしまったら、授業の準備を十分にすることが困難です。それは必ず授業の質の低下としてはねかえってきます。アメリカやヨーロッパ諸国よりも日本のクラス人数は多いですから、どうしても一人ひとりを丁寧に教えることが難しいです。可能な限り個別の指導によって、授業でつまづいた生徒に対応することが大切ですが、部活動があればそれも困難でしょう。部活動によって、学校が教科を教える力が十分に発揮できなくなっています。政府は学力向上のために「全国学力テスト」を行っていますが、全く矛盾する事態が深刻化しています。

運動部にかける時間が増え、学校の教科を教える力が落ちれば、それをどこかで補わなければなりません。日本では、学校外教育機関である塾が大きな影響力を持っています。学校の教員が担当教科の授業にエネルギーを十分に注げない状況であることは、塾の隆盛と深く関わっています。塾に行かなければ勉強がわからない、塾に行かなければ受験で受かりにくいと考える人が増えたことが、塾の拡大につながっています。

塾は学校教育を完全に補うことはできません。当然、十分にお金をかけられる出身家庭の子どもとそうでない子どもの間に格差が生まれます。しかし、塾の普及は学校教育にも大きな影響を与えました。教科を教える機能の「外注化」が進んだことで、学校の存在感を示すためにも、部活動や生活指導が重視されるようになりました。

ここ約三〇年もの間、部活動が盛んとなるなかで、学校のなかで「教科を教える」ということの比重をあまりにも下げてきてしまった。その影響で、塾を十分に利用できない低階層の出身者が学校の勉強だけで学力を身につけたり、進学することが極めて困難となっています。部活動が引き起こしている「教科を教える」機能低下の問題を、冷静に問い直す必要があると思います。

内田　それについては私も全く同感です。部活動は学校の正規のカリキュラムの外にあるという意味では、いわゆる「補習」に近い性格を持っています。しかしながら、今日の学校教育は、補習ではなく、スポーツ・芸術の部活動とくに運動部活動に重きを置いています。勉強が苦手な子に、正規の授業外できちんとケアをするという選択肢も本当は取り得たのですが、それは取らずにスポーツばかりが巨大化していきました。もちろんスポーツを全くなくして補習ばかりすればよいという話ではありません。しかし現在、補習の比重なんて中学校ではものすごく低い。なぜ学力保障が重視されないのか。

大内　学力低下を問題にするのであれば、「全国学力テスト」よりも補習が大事でしょう。今回の部活顧問の強制拒否は、さまざまな問題を提起しています。部活動が教員の本来業務ではないのに、事実上強制されているということに加えて、教員が自分の担当教科を教えることに十分な力を注げない現状を告発しているのだと思います。

「以前は部活動をしながら、授業と両立させていたではないか」という反論があるでしょうが、ここ三〇年間の新自由主義教育改革のもたらした教員労働の多忙化は深刻です。教員の諸活動に「説明責任」が要求され、以前よりもはるかに多い会議と書類作成に追われています。

今回の部活顧問拒否は、教員からのある種の「悲鳴」の要素があると思います。教員の多忙化は限界に来ています。

部活動顧問の莫大な負担は何とかしなければいけません。しかし、教員は「労働者」ではなくて、「聖職者」だという幻想がいまだにあります。ここでも、教育特有の言説の罠をきちんと解きほぐさないといけません。教員の労働時間が長いことはエビデンスとしてはっきり出ていて、しかも授業時間が短いことも分かっているのですから、教員の労働時間を減らそうと思ったら、授業時間以外の労働時間をどうやって減らすかをみんなが考えることしかありません。

内田　ここが教育の呪縛です。「教育」という名がつくが故に、それをやらなければならない。きちんとやらなければ、「こいつは子どものことを考えていない」ということになる。そう保護者が言うのです。

大内　そうですよね。そこで、「お前は教育者としてなっていない」という圧力や視線を浴びますから、教員のほうも部活顧問を辞めることができません。そして、部活顧問をはじめ、多くの仕事をつい抱え込んでしまうし、追い込まれてしまうのだと思います。そういう無理をして働いている教員を見て育った子どもたちが、在学中や卒業後にブラックバイトやブラック企業にはまっていくのは、ある意味当然ですね。

労働法教育の導入

大内　私は、この間ブラックバイト対策として、高校で労働法教育をやることを提言しています。しかし、最近は労働法教育を教える教員に対して、労働法教育が必要だと感じています。超勤手当が出されず、部活動手当が最低賃金以下で働いている教員たちが、実感を持って生徒に労働法教育をすることは難しいと思います。

ブラックバイトを解決するためには学校で労働法教育を必修化すべきですが、その前に教員の皆さんに労働法を学んでもらいたいし、教員の皆さん自身が労働法によって自分の身を守ってほしいです。ですから、労働法教育を入れるというのは、学校教育自体の変革につながります。ルールがない職場にルールを入れるということですから。

部活だけではなく、教員労働には際限がありません。例えば、保護者が子どもに困ったことが起こって、夜中に担任の教員に相談の電話をかけることがあります。対応した教員の時間は、労働時間としてカウントされません。これをどう考えるかということです。こういうことを次々と認めてしまうと、教員が熱心であればあるほど、自分のプライベートを完全に失っていきます。ブレーキをかけるために、何らかの歯止めが必要です。

ブラックバイトを通して、多くの生徒たちが労働者の権利や法律をあまり知らないことがわかりました。でも生徒たちが学んでいる学校でも、労働者の権利や法律が機能していません。教育における感動や一体感がリスクを隠すことを内田さんは見事に考察されました。私はそこに、「教育」という言葉が「労働」を隠していると付け加えたいです。労働と見れば酷いことが行われていることは明らかなのですが、「教育でしょう?」ということで、際限のない労働が受け入れられてしまっています。

内田　先生がもし、週に何回か五時にさっと帰ることがあれば、そこで育つ子どもも五時には帰るのだということを学ぶきっかけになりますよね。土日も含めてずっと先生が付き添っていて、それが当たり前になって卒業し、自分もブラックバイトにはまっていく。そして、自分が保護者になったとき、土日に付き添ってもらった経験があるから、先生がそれをやるのは当たり前だろうという感覚を持つのは、悪循環です。

大内　教員労働の過酷さが改善されることが大切です。しかし、今回の部活動顧問拒否の活動に対しても、教員以外の方から「こっちはもっと働いているんだ」と声が上がります。これだけ部活動が支持されているのは、子どもをできるだけ長時間預かってほしい親たちの願望、それに市民による「ねたみ」や「教員バッシング」が影響しています。

子どもたちの多くは、部活をやってなおかつ塾に行っています。小さい頃からダブルワーク、トリプルワークの長時間労働に慣れています。このままいくと、ブラックバイトとブラック企業一直線です。こう考えると、学校教育とブラックバイト・ブラック企業の連続性が見えてきます。

「理不尽さ」に耐え忍ぶ？

大内　理不尽なことを理不尽なものとして批判するのではなく、むしろそれに耐えることを自虐的に称賛する文化が学生たちの間で広がっています。学生たちが「私は八日」、「僕は一〇日」「俺なんか一二日だよ」と話していて、「一二日」の学生が一番いばっています。何の話かというとアルバイトの連勤日数です。「一二日」とはアルバイトの一二日連続勤務を意味します。「八連勤でキツい」なんて言ったら、「一二日」の人から「お前は甘えているよ」と返されてしまう。そこで「八日」の学生は、「とても自分は不満を言えない」となってしまいます。

「一時間」「ゼロ」「オール」というのもあります。睡眠時間です。「ゼロ」はバイトで夜だけ寝ていない。「オール」は一日中寝ていません。「ゼロ」の学生は、「バイトで夜寝ていないくらいでは不満は言えません。周りにオールの人がたくさんいるから」と私に言っていました。こういう会話が大学であふれています。

内田　なんでしょうね、この「私のほうが酷い」という話は。「酷い」は嘆いているようでいて、他の酷さを封印していきます。これではキリがありません。「そうやって潰していってどうするの？」という感じです。際限なく全部がそのままでよいことになっていってしまいます。

大内　新自由主義によって日本社会の壊れた姿が、よく表れていると思います。非正規労働者は二〇〇〇万人を超えました。二〇代から三〇代の約半数は、自分の労働では食べられない状況が出来上がっています。

この劣化が止まらない状況に対して「ブラックバイト」という提起を私は行いました。また、「公立中学校　部活動の顧問制度は絶対に違法だ!!」という真由子先生のブログも、この劣化が止まらない状況に異議を唱える重要な問題提起であったと思います。際限ない引き下げ競争を続けてきたことに対して、ブログやツイッターで現場の教員が声を上げたことの意味はとても大きいです。理不尽なものを「仕方がない」と受け入れるのではなく、「理不尽なことは理不尽なのだ」と言ったところに重要性があります。部活顧問の強制拒否は、署名活動までが行われ、社会に大きな影響を与えています。

ブラックバイトでも、全国各地で学生たちがユニオンを結成し、事件を解決したり、労働条件の改善を勝ち取っています。塾ブラックバイトが問題化したことで、私の周囲のアルバイト先でも「コマ給」制度を廃止して、労働時間分の賃金を支払う職場が増えています。部活動顧問でもブラックバイトでも、ようやく声が上がってきました。ここに可能性があります。

内田　まさに可能性が大事で、今回のブラック企業に始まり、ブラックバイト、さらにブラック部活の流れと言いますか、「これもおかしいよね」「あれもおかしいよね」とアイデアを広げていくパターンと、他方で「私はブラックだ」「こっちのほうがもっとブラックだ」といって潰していく人たちがいます。しかし、世の中をよくしていくのだったら前者の流れをとって、やはり教員のブラック労働を起点にして、他の職場も改善していこうよ、というふうに動いていくほうが健全です。これは真由子先生もそうだし、「部活問題対策プロジェクト」の六人の先生方もそういう方針なのです。「ああ、あなたの職場も酷いの?」「私たちと一緒に、あなたの職場環境も改善していこうよ」という問題提起です。あの戦略はとても正しいと思います。ブラック企業が次々と輪を広げていて、部活にまで降りてきたのとまったく同じ話だと思います。

大内　新自由主義の特徴は、個別分断化を図るということだと思います。個別同士を対立させることで支配を確立するということですね。それに対して私たちは、分断や対立をいかに乗り越えていくのかという問題意識を持つことが大切です。

「ブラックバイト」はバイトの過酷さを共通に表現する言葉として考えました。学校教育において、「親の満足」や消費者化に応えようと振る舞い続けること、新自由主義を推進することには未来がありません。新自由主義による個別分断化や分断社会化をいかに変えていくかということが課題です。バイトと部活でその動きが起こり始めています。

部活については生徒の強制参加への問題提起も始まっていますね。

内田　「部活問題対策プロジェクト」の先生方が教員の労働問題だけでなく、生徒にとっての部活動の負担にも着目している点は、とても大事なことだと思います。自分は土日の指導なり部活顧問なりを拒否する。しかし自分は拒否して楽になったのはいいけれど、生徒は結局一緒ではないか、と思ったのでしょう。先ほどの話と同じで、「私が苦しければあなたも苦しい。あなたのことも解決しようよ」というとても前向きな展開の仕方をしています。社会問題の解決のためのよいモデルになってくるのではないかと思います。

教育を再 - 社会問題化する

大内　連帯をつくっていくと同時に、同調圧力をどうやって緩めていくかが大切です。強制を受け入れないと今の学校ではやっていけないという考えに対して、「それはおかしい」と声を上げることだと思います。2分の1成人式も組体操もそうですが、「絆」や「一体感」が日本の学校教育で求められ、しかも集団的な同調圧力に適合することが道徳的にも正しいのだとされてしまう。だからこそ「縛り」がとてもキツい。その空気を打ち破らないといけません。

戦後、右派の政治家たちは心身の鍛錬と道徳、そして国威発揚の重要性を唱えて、学校教育への介入を続けてきました。政治的な力学によって、部活動や体育と道徳、ナショナリズムが一体となって、学校教育に持ち込まれています。これに対する批判を今回の部活動顧問拒否の動きは提起しているし、学校教育における同調圧力を今後いかに変革していくかという課題とも関わっています。

私はブラックバイトを問題にしました。すでに学校教育で、ブラックバイトを支えるメンタリティが醸成されてしまっているのですね。労働法教育をしようとしても、当の学校は、労働法なき「感動」「一体感」「理不尽さ」に満ちています。学校現場に「法に基づく権利」を導入しないと、先生の労働も守れないし、子どもたちの権利も守れなくなっています。そういう点でも、ブラックバイトとブラック部活とをつなげて考えることは、意味が大きいと思います。

内田　現時点ではそれをまだまだ内部で先生たちが潰していますね。つまり、顧問が全員強制されるのがおかしい、あるいは生徒が全員部活動を強制されるのがおかしいというまっとうな論理を、学校の先生たちが自ら内部の圧力で潰していくわけです。声を上げた先生に対して、「ちゃんと教員の仕事をしていない」だとか。労働法の教育を入れるはるかに以前の問題です。何であんなことが起きるのでしょうか。それくらい病的な現状があります。

大内　病のような力学が働いているからこそ、そういう声が潰されてしまう。それに対して、内田さんがツイッターの声に出会って、その声を研究者の言葉と分析によって拡大させる戦略が成功しました。私もツイッターやフェイスブックで、ブラックバイトに苦しんでいる学生たちの声を拾い上げました。

私たちはどちらもSNSを活用しています。SNSによって、今まで抑圧されてきた現場の声が浮かび上がってきました。その一つひとつを丁寧に拾って考察を行い、より普遍化する言葉と表現で伝えていったことが、組体操や部活顧問、ブラックバイトなどの社会問題化に成功した理由です。それは、教育研究の新しい方法や可能性にもつながると思います。

内田　今までそういうのは、研究者によるフィールドワークだとか、あるいはジャーナリストによる取材でしか明らかになってこなかったものが、SNSを舞台にして、個々の声の重なりを通じて、問題化が起きていく。これは、とても新しい現象です。

大内　こちらに、個々の声を察知して読み取る力があるかどうかが重要です。SNSは有効なツールとして機能することを、私は今回のブラックバイトで知りました。実態を知るツールとしても使用できるし、その後の分析を伝えて反応を得ることも可能です。しかもテレビや新聞、雑誌など既存のメディアとも連携させることができます。それは私にとって新しい経験でした。

言論活動のこれからのあり様もここから見えてきます。ＳＮＳによって、社会問題や社会運動への新たな関わり方が生まれてきています。こうした状況を積極的に生かしながら、これからの研究や言論活動をしていくことが大事なのではないかと思います。

第4章「日常の戦争化」に抗する

斎藤美奈子 × 大内裕和

文芸評論家である斎藤美奈子さんは、専門である文学はもちろん、現代社会や政治への批評もとても鋭いです。特に、斎藤さんの批評のスタイルと文体には絶妙なセンスがあって、思わず唸らされてしまうことがしばしばです。私は、長い間斎藤さんの文章を愛読してきたファンの一人と言っていいでしょう。当日はスター本人と出会えたことに私が感動して、落ち着く間もなく対談が始まってしまい、最初は余裕がありませんでした。しかし、私からの質問や問題提起に対して斎藤さんに鮮やかに回答していただき、落ち着きを取り戻しました。「日常の戦場化」や社会民主主義の可能性など、予想以上に議論を深めることができたのは斎藤さんのおかげです。

教育と政治の現在地

大内　今日は文芸評論家の斎藤美奈子さんと教育問題について対談させていただきます。斎藤さんはこれまで、文芸批評のお仕事と同時に、長い間社会批評のお仕事もされてきました。二〇〇〇年代に入ってからも、二〇〇七年に『たまには、時事ネタ』、二〇一〇年に『ふたたび、時事ネタ』（共に中央公論新社）、そして近年では二〇一五年に『ニッポン沈没』（筑摩書房）と優れた著作を続々と書かれています。それぞれの著作において政治や文化など多方面について優れた社会批評が展開されています。今日の対談との関係では、斎藤さんはこれらの著作のなかで、かなりの頻度で教育問題を取り上げられています。私は以前から、斎藤さんの教育問題への鋭い批評を、強い共感を持って読んできました。今日の対談もとても楽しみです。

つい最近、斎藤さんは『学校が教えないほんとうの政治の話』(ちくまプリマー新書、二〇一六年)を出されました。この本は現在の学校教育にとって極めて重要な問題を提起し、鋭く考察されていると思いました。「『選挙に行け』っていわないで!」というプロローグから、強く共感しました。本当にその通りです。「選挙に行け」と言いながら、政治のことをわからなくしているという教育の現状が放置されている。この本を書かれるときに、今の若い人が学校教育のなかで政治と触れるときの問題を意識されたのだろうと思います。斎藤さんがどのような意図でこの本をお書きになったのか、まずはその辺りからお話を聞かせてください。

斎藤 この本は二〇一六年に出しましたので、一八歳選挙権に結果的にタイミングが合うことになりましたが、最初はそのような意図はあまりありませんでした。

第二次安倍政権が発足したときに、ものすごく絶望しまして(苦笑)、根本から何とかしなくちゃダメなんじゃないかと思った。いくら小選挙区制の問題があると言っても、私も含めた有権者の側に選挙リテラシーがないのかもしれない。

選挙前になると「投票に行け」というキャンペーンが派手に展開されます。投票率の低下を背景に、選挙に行かせるためにゆるキャラを出すだとか商店街で何かしら配るだとかいろいろやっていますけど、それはちょっと違うだろうと。その一方で、政治について本当に触れなくなってきている状況がありますよね。「選挙のときだけ政治のことを考えろ」という、そんな矛盾した話があるかよというのが、そもそものきっかけでした。

AKB48の総選挙っていうのがありますが、そのホームページを見ても、たぶん多くの大人は誰が誰だかわからない。実際の選挙では、若者たちにはこういうふうに見えているんだなと思ったのです（笑）。私たち自身も「政策を見て投票しろ」と言われてはいるけれど、実際にはだいたいパターン化された投票行動がある。たとえば自民党には入れない。そこまでは決まっていても、その後どうするかというと、いくつかの党派のなかからマシな党派の人を選ぶ、あるいは勝ちそうな人を選ぶ、というくらいでしょ。国政選挙はまだしも、都道府県議や市議・区議くらいになると、投票所に行ってから掲示板を見て決める。政治に多少関心がある人でも実際はそれくらいの選び方だったりする。それなのに「政策で選べ」とかの建前論が掲げられても、今の若い人たちは建前論をすぐ見抜きますから、「バカバカしいよ」ってなるのは当然です。そこからもう一回解きほぐさなくてはいけないと思いました。

私自身は五五年体制のなかで選挙権を得た世代です。その頃は良くも悪くも非常にわかりやすい図式でした。自民党と社会党を中心に、労働者の側から発想する党と資本の論理で発想する党の対抗軸が一応あったわけですよね。それが冷戦体制の崩壊後、日本でも「五五年体制が良くない」ということで、細川護熙政権あたりから保守と革新の対決の構図が崩れていきます。その後で政治を考え始めた人にとっては、混沌そのものですよね、日本の政治は。

ウヨクもサヨクも今は定義のハッキリしない罵倒語でしょ。だからみんな「右も左も関係ない」という言い方をしたがる。でも「右も左もあるんです」というところからはじめた方がすっきりするんですよね。そこで、どこに着地するかわかりませんでしたが、とりあえず二つの対抗関係を整理してみようと思って書き出しました。ちくまプリマー新書という性質上、高校生くらいに読んでもらいたいと思ってはいますが、どちらかというと自分のなかで問題を整理するという意味が大きかったかなと思います。

大内　私がゼミで教えている大学生にこの本を薦めたら、「わかりやすくて面白い」という反応が数多くありました。今、斎藤さんが指摘されたことはとても大事だと思います。五五年体制のときは見えやすかった対抗関係が、現在の多くの若者にとってわからなくなってしまっている。五五年体制崩壊後に対抗関係が見えにくくなってきた現状に対して、斎藤さんが新しい線を鮮やかに引くことによって、現代の「左と右」を明確に位置づけたことが、この本の大きな意義だと思います。この本は現在の政治を考えるための優れた入門書になっています。

もう一点、この本における考察であぶり出されているのが、日本における政治的中立の問題です。メディアにおいてもそうですが、教育現場では政治的中立性がさらに強調されます。教育基本法第一四条（政治教育）の第二項で「法律に定める学校は、特定の政党を支持し、又はこれに反対するための政治教育その他政治的活動をしてはならない」と書かれていて、これは政治を教えることそのものを禁じている内容ではないのですが、それが「政治を教えることは偏向教育につながる」として忌避される傾向を生み出しました。特に五五年体制下では、教育現場が激しい政治的対立の場となったこともあって、政権与党の側から教育を政治的な場にさせないという力が強く働いていました。

斎藤　その頃の悪しき思い出があるので、今でも保守の人たちには「日教組が左翼思想の元凶だ」みたいに思っている。現状認識がめちゃくちゃなわけですが、でも逆に言えば、当時は日教組が機能していたんですよね。

大内　そうです。五五年から七五年の二〇年間は、文部省vs日教組、あるいは国家の教育権vs国民の教育権という対立図式が明確に見えていたのだと思います。それが現在はとても見えにくくなってしまった。学校教育で政治的に対立する問題に触れること自体を避けるという傾向に加えて、対立図式が曖昧になれば、一体何と何が争っているのかがわかりません。こんな状況では若者が政治についてのリテラシーを磨けるわけがありません。更に言うと、対立が見えず、ホームとアウェイがなければ、斎藤さんが本のなかで指摘されているように応援することができません。

斎藤　党派性とまでは言わずとも、ひいきのチームがあるかないかがけっこう大事なポイントだと思うんですよ。スポーツと同じですよね。

大内　ホームとアウェイがなければ、政治について関心の持ちようがないわけです。応援するところがないのですから、選挙結果を見ても何の感動も起こりません。

斎藤さんの『学校が教えないほんとうの政治の話』では、「ホーム」と「アウェイ」があって良くて、「あなたのホームはどちらですか?」と読者に問いを投げかけているところに、大きな意味があったと思います。しかし、日本の学校教育はそれをひたすらやりません。ホームとかアウェイという問題設定をしないのです。

斎藤　でしょ。だから、書いたんです（笑）。自分が支持する政党がたとえあっても、全力で隠し続けるわけですよね。両論並立の中立がいちばん正しく公平だ、みたいな幻想を振りまいて、政治的な活動にかかわるのは「変な人だ」というイメージを醸成していく。

大内 そうです。それなのに「一八歳になったら選挙に行け」と唐突に言われた多くの若者が困惑したというのが、この前の一八歳選挙権騒動の内実でしょう。斎藤さんはそれとは関係なく書かれたとのことですが、この本はそんな現在を生きる若者にとって、優れたガイドブックとしても読まれるなと思いました。つまり、「一八歳になったら選挙に行け」と言われたって何が何だかわからない状況なのですから、指南書が求められているのです。

斎藤 選挙は選ばなくてはいけないですからね。ただ集会に行けばいいといった問題ではなくて、「選べ」という選択行動を迫られているにもかかわらず、選び方がわからないという、ここに根本的な矛盾があります。

大内 五五年体制が崩壊してから、左派・リベラル派も含めて「もはや左や右という時代ではない」と言い過ぎたと思います。そのことが対立関係を一層曖昧化させることになりました。

斎藤 開き直って「左ですが何か？」って言ってもよかったのにね。「右でも左でもなく下だ」とか「前だ」とか、本当にしょうもないレトリックを駆使し続けて二〇年という感じがします。東欧の動乱やソ連の崩壊を見て、社会主義はもう古いんだ、と思っちゃったのが、リベラルを含めたレフトウィング崩壊のスタートだったかもしれませんね。

大内 それが近年の地滑り的な右傾化を支えていますね。ある種のトラウマというか、「左だと思われたくない」という言論人の自意識が、右傾化に全く歯止めをかけられず、「極右」の支配を許してしまっていることの責任は重いでしょう。

実際には斎藤さんの本でも書かれているように、五五年体制のときとは異なるものの、政治的な対立軸は明確に存在します。一つは国家vs個人、もう一つが新自由主義vs社会民主主義という対立軸でしょう。どちらも重要ですが、とりわけ後者の対立軸が明示化されていないことが、大きな問題を生み出しています。新自由主義vs社会民主主義という対立軸を明確に示されたことが斎藤さんの本の重要なポイントだと思います。

「自由化」「個性化」を問い直す

大内　日本の教育言説を見てきて、五五年体制が大きく転換したのは、一九八四年の臨時教育審議会（臨教審）設置あたりからだと思います。それまでは、文部省の国家主義的な教育政策に日教組が反対し、それが一定の力を持っていました。しかし、ここでは臨教審の側から、教育の自由化・個性化が提起されます。

このことは、それまでの教育の議論に馴染んでいる人にとっては驚きでした。政府は教科書検定、学習指導要領、勤務評定など教育現場を統制する政策を出し、日教組や教育運動は「教育現場の自由」を根拠にその統制に反対するというのが、それまでの対立構図でした。しかし、ここでは政府の審議会である臨教審が、教育の「自由化」「個性化」を打ち出したのです。

もう一つは、国家の教育権vs国民の教育権では、教員が国民（ここでは生徒や保護者）とともに、政府の教育行政に対抗するという議論の組み立てでしたが、教員は生徒・保護者に対しては権力者ではないかという議論が出てくる。「荒れる中学校」や管理教育など、教員と生徒・保護者との間のトラブルが増加していた時期でもありましたし、政府の側もこうした状況を捉えて、「国民の教育権」という議論を突き崩す戦略を取りました。こうしたなかで、国家の教育権vs国民の教育権という議論の立て方は、従来のような有効性を失います。

臨教審での提案は、教育政策に具体化されたものはそれほど多くありません。しかし、教育言説の構図を変えたという点での影響は大きかったと思います。簡単に言うと左派・リベラル派が有効な批判を行えなくなってしまった。それまでのように、政府与党・文部省による教育現場への統制であれば、「国家主義教育反対!」とか「戦前回帰を許すな!」と反対できたのですが、政府による自由化や個性化には、こうした言説では反対できません。その後の「ゆとり教育」にも困りました。左派・リベラル派の多くは、それまでの「詰め込み教育」を批判してきましたから、政府による「ゆとり教育」への有効な批判言説をなかなか構築できませんでした。

七〇年代から管理教育批判を行っていた市民運動の人たちも、自由や個性を掲げて管理教育に反対してきましたから、臨教審の「自由化」や「個性化」への批判は容易ではありませんでした。

しかし、実際には臨教審の提起した自由化と個性化は教育における新自由主義であり、それらは教育の市場化や商品化を推し進めるものでした。斎藤さんが本のなかで提起された新自由主義vs社会民主主義という対抗構想があれば、社会民主主義の立場から新自由主義を批判できたはずです。しかしその対抗構想がなかったために、有効な批判を展開できませんでした。

九〇年代のゆとり教育も、詰め込み教育を打破するためと宣伝されましたが、教育現場にゆとりをもたらすものではありませんでした。週五日制とは子どもや教員に「ゆとり」をもたらすものではなく、斎藤さんがこれまでも書かれている通り、実際には公教育の縮小なのです。詰め込みに対してゆとりと言うと良くなるような印象がありますが、現実には学校の予算や教員の数を減らすということにつながった。

斎藤　スリム化とか言っていますけど、つまりは手抜きですよね。公教育の予算を削って教育も民間に委ねるという、今から思えば規制緩和の先駆けだった。

大内　その通りです。公教育を縮小することは、教育市場の拡大をもたらします。学歴社会や受験の体制の下では、学校が週五日制になれば、日曜日だけでなく土曜日も朝から塾が繁盛します。ゆとり教育によって、塾その他の教育産業を利用することができる経済的に裕福な家庭の出身者が、より有利になりました。

個性化も同様です。子どもの個性を尊重することは大切です。しかし、「個性化」が教育改革のスローガンとなり、学校教育で「個性を評価する」となれば、個性は一元的な基準で序列化されます。関心・意欲・態度など人格評価が行われることも同様の問題を引き起こします。

斎藤　評価軸や管理のなかに「個性」まで取り込まれてしまうということですものね。

大内　そうです。八〇年代に教育言説の変容が引き起こされたときに、左派やリベラルの多くが、自由化や個性化は教育の市場化や商品化を推し進め、国家統制をも強める危険性があることと、つまり新自由主義と国家主義との結合であることを、適切に問題化することができなかったと言えるでしょう。

それはやはり「国民の教育権」論の限界が露呈してしまったという面があると思います。「国民の教育権」では、国民の権利として教員を代表させており、教員と子ども・保護者との予定調和を前提としていますから、教員と子ども・保護者との間の葛藤という問題は落ちてしまいます。

また、「国民」というカテゴリーは、国民間の階層格差や階級を隠蔽しますから、たとえばある教育政策が、特定の階層の人々には有利に働き、別の階層の人々には不利に働くという状況を問題化しにくくなります。すべての国民が共通に抑圧されるという状況と違って、八〇年代にはすでに階層分化は進んでいますからね。

斎藤　けれども、まだ八〇年代には幻想がありましたよね。「一億総中流」という言葉が流行ったのは八〇年代に入ってからだったと思います。世論調査で「中流意識」を持っている人が九割に達した頃です。高度経済成長の結果、国民みんなが豊かになった。昔のような貧富の差はもうないんだという言説が当時は流布していましたから、余計わかりにくくなってしまう。私は書籍ベースで考えるので、橘木俊詔さんの『日本の経済格差――所得と資産から考える』(岩波新書)が出版された一九九八年が「格差社会元年」だと思っているのですが、当時のこの本の受け止められ方は「ええーっ、そんなに格差が進んでたんだ、知らなかった」というものでした。

大内 おっしゃる通りです。現実には階層分化は進んでいましたが、九〇年代までは「一億総中流」幻想が根強く残っていました。この幻想も自由化や個性化を受け入れることに、それほど抵抗を感じなかった要因の一つだと思います。

斎藤 貧困が可視化されていなかったんですね。バブルの崩壊後もしばらくは、世の中全体が浮かれていたというか、呑気でした。「豊かな時代の子どもたち」「今どきの子は恵まれてるから苦労を知らない」という幻想が、ずいぶん長く続いてた。

大内 だからこそ自由化や個性化という新自由主義に対して、当時はそれほど深刻には受け止めなかったのでしょう。中間層、特にアッパーミドル（中間層上位）にとっては、「より良い学校を選べる」学校選択制や個性化などについて、臨教審に賛同する声はかなりありました。左派やリベラルのメディア、たとえば『朝日ジャーナル』や『世界』の議論もかなり混乱状態でした。臨教審の第一部会の「自由化」や「個性化」に対して、「文部省の管理統制よりはマシ」という議論も存在していました。その点が大きな問題です。

斎藤 八〇年代は片一方では、校内暴力や愛知県に代表される管理教育の問題などもありました。荒れる中学校などが学校の問題として浮上してきた時代ですよね。そうすると「管理統制よりは良いのではないか」という議論が出てきても不思議ではない。

大内 そうです。校内暴力など教育問題が頻発していましたから、中曽根はそれを利用して「戦後教育の総決算」が必要だと言い、臨教審を設置しました。臨教審を文部省の外側に設置したのは、それまでの教育政策の枠組みを壊そうとしていたからです。官僚による「管理統制の行き詰まりを打破」して教育問題に取り組むというメッセージを出したことによって、世論も臨教審にかなりの期待をすることになりました。

しかし、臨教審は重要な問題提起はしたものの、教育政策を本格的に転換することはできなかったのです。それはなぜかと言うと企業・財界が自由化や個性化に肯定的ではなかったからです。つまり八〇年代までは、鎌田慧さんの『自動車絶望工場』（講談社文庫、一九八三年）や『教育工場の子どもたち』（岩波書店、一九八四年）の世界です。中央集権的な教育制度、学校教育での強い管理統制による均質な労働力の育成こそが、当時の企業・財界の強い要望でした。

斎藤　ああ、そうですね。産業の空洞化が問題化する前だから、「従順な奴隷」を養成する必要がまだあったんですね。学校と工場と軍隊は、近代のアナロジーとしてよく並列で語られますけど、そっか、産業界の要請って、そんなにダイレクトに教育に響くんだ。

大内　八〇年代の鎌田慧さんの本は、愛知県の管理教育とトヨタの労務管理との深いつながりを明らかにしています。八〇年代に臨教審の自由化や個性化の議論があっても、当時は均質な労働力を育成するための管理統制や校則が重要でした。臨教審の議論が実際の教育政策に生かされるのは、九〇年代に入ってからです。

ただ、議論の構図が新しくなったことは事実です。八〇年代には、プラザ合意以降の円高で企業のグローバル化・多国籍化が激化しますし、労働者派遣法も制定されましたので臨教審の議論につながる動きは始まっていますが、本格的にはもっと後です。

斎藤　八〇年代に、すでに土台ができていたがゆえに、一〇年後にスムーズに移行できたということでしょうか。当時の臨教審・文科省はそこまで読んでいたのですか。
大内　「土台ができていたがゆえに、一〇年後にスムーズに移行」というのは、とても鋭い指摘ですね。文部省は、臨教審の議論に当時は強く抵抗していました。しかし、その後に財界側の要求に大きな変化が起きます。
一九八五年のプラザ合意以後の円高ドル安によって、日本の大企業の多くは多国籍化・グローバル化します。企業のグローバル化は国内雇用のあり方にも大きな影響を及ぼします。グローバルな競争にさらされることで、企業は収益率の低下に対する危機感を強く持つようになりました。具体的には男性基幹労働者層のスリム化・格差化、企業内福祉の見直し、さらなる周辺労働の拡大によるコストの削減です。
こうした企業の方針転換は、これまでの画一的・均質的な労働力育成を支えてきた平等主義に基づく教育制度やそれによって生まれる大衆意識が、賃金水準を押し上げ、高コスト構造をつくり出しているという批判を生み出しました。
こうして企業・財界は一九八〇年代終盤以降、平等主義に基づく教育制度、特にそれを支える公教育制度の再編・スリム化を打ち出しました。一九九〇年代、文部省はこのような企業・財界の意向を受けて、「自由化」や「個性化」に警戒的なそれまでの姿勢を変え、新自由主義政策を受け入れるようになります。
斎藤　アメリカのレーガノミクスやイギリスのサッチャリズムはすでにスタートしていたわけ

ですから、日本もいずれは新自由主義経済に本格的に舵を切らねばなるまいという予測はできたでしょうね。少なくとも中曽根は意識的にそれをやろうとしていた。

大内　石油ショックを乗り切って、九〇年代前半までは日本経済のパフォーマンスは優れていましたから、欧米とは時期はズレています。欧米の場合、すでに八〇年代には戦後の経済成長ブームは終わっていて、若年層雇用問題が深刻化しています。しかし、日本の場合はそれが起こらなかったものだから、少し遅れてきたということでしょう。

ただ、高度成長によって中間層が自然に増えていくという社会構造は、その頃からすでに壊れ始めていました。小沢雅子さんが『新・階層消費の時代――所得格差の拡大とその影響』（朝日文庫、一九八九年）で述べているように、階層化はすでに進んでいます。しかし、まだそこでは教育政策の根本的な転換は起こりませんでした。しかし、国立大学の法人化や入学試験の改革、高校教育の複線化など、新自由主義政策のアイデアの多くは、臨教審のときに出てきています。それへの有効な批判を行えなかったことも事実です。

斎藤　国鉄分割民営化（一九八七年）や、電電公社の民営化（一九八五年）に代表される三公社五現業の解体は八〇年代のトピックですから、「小さな政府」へ向かっていく方向性はとっくに示されてはいた。「赤字の解消」が錦の御旗みたいになっていて、当時、非常に憤慨した覚えがあります。

国鉄の民営化問題って意外と大きいなと思うのですが、やはり労働組合がダメになったのはあの辺からですよね。

大内　おっしゃる通りです。それが決定的だと思います。

斎藤　政治の枠組みもそうですが、今から改めて思うと、国労（国鉄労働組合）や動労（国鉄動力車労働組合）を解体するためにやったのではないかくらいに思います。

大内　そうですね。国鉄の分割・民営化は、国労をはじめとする労働組合への攻撃であり、五五年体制において財界・自民党に対する最大の対抗勢力であった「社会党－総評ブロック」を潰すことが目的だったと思います。この八〇年代半ばの時点で、資本による労働側の包摂がほぼ完成してしまう。その同時期に臨教審は議論を行っていますが、それが教育に適用されるのはもう少し後です。

斎藤　教育に対する国家の圧力というと、どうしても政治的な圧力を考えてしまいますが、だとすると、臨教審は、政治より経済とのリンクを重要視していると見ていいのでしょうか。どのような質の労働力を生み出していくかは、資本の側の要請による。いずれ社会に送り出さなくてはいけない生徒にどんな教育をするかは「求められる人材」によって変わってくる。具体的には就職活動に響きますから、教師も資本の論理を気にしますよね。

大内　政治とのリンクもあって臨教審の第三部会は、第一部会の「自由化」「個性化」路線に反対していました。第三部会の主張は国家主義的で、道徳教育の推進です。しかし、臨教審設置法には「教育基本法の精神にのっとり」という文言が盛り込まれています。この文言を盛り込まないと臨教審を設置できなかった。それは当然、社会党、共産党など教育基本法改悪に反対する勢力が議会のなかにかなりの大きさで存在していたからです。中曽根は教育基本法に手をつけたかったのだけれども、設置法の段階で縛りをかけられてしまった。こうした政治状況を変えるために、「社会党－総評ブロック」の中核を担っていた国労攻撃に全力をかけたのでしょう。

斎藤 なるほど、賢いなあ。先に反対勢力を潰しておけば、政治的な案件も通りやすくなる、と。たしかに中曽根の時代から二〇年かかったわけですね、教育基本法の改定（二〇〇六年）までに。保守勢力は、だから虎視眈々とやってるんですよ。一度こうだと思ったら、粘り強くやらないとダメなんだなと思います。そこはみんな、学ぶべきだよね。

大内 右派が粘り強く運動を積み重ねているのですから、左派・リベラル派の側は負けてはいけませんね。リベラル派は個人主義が強いので団体行動が嫌いな面がありますが、それではダメですね。左派・リベラル派も地道な団体行動を継続しないといけません。

日本会議も粘り強く運動を積み重ねてきています。重要なのは、七九年の元号法制化でしょう。これが日本会議にとっては、最初の大きな成功体験となりました。七九年の元号法制化は、七五年スト権スト敗北後、公共部門の労働運動の対抗力が弱り、政治状況の右旋回が進むなかで行われました。元号法制化が、その後の日本会議の影響力拡大のきっかけとなります。

『新時代の「日本的経営」』以後

大内　そこで重要なのが、九五年に日経連が出した『新時代の「日本的経営」』です。戦後に広がってきた長期雇用を大幅に縮小するという財界の宣言です。それは日本の雇用政策にとって大きな転換ですし、学校教育にとっても多大な影響をもたらします。新卒一括採用と終身雇用は、職業教育ではなく普通教育中心の学校教育を生み出しました。職業能力を身につけていない学生を新卒で入職させて、職場で職業能力を身につけて一人前にするという方法です。

だからこそ学校では職業教育を行うのではなく、アカデミックな普通教育が重視されました。また、新卒一括採用で問われるのが、職業能力ではなく潜在能力であるがゆえに、学校名が重視され、難易度の高い学校への入学をめぐって、激しい競争が行われる学歴社会が成立したのです。

斎藤　卒業した学校によって、人生設計が全部変わってくるということですね。

大内　そうです。五〇年代くらいまでは、高校段階において職業科の比率が高いこともあって、一定の職業教育が行われていました。この時期は、高校段階で職業能力をある程度身につけて、社会に送り出すということがありました。

しかし、六〇～七〇年代の高度経済成長期には高校教育において普通科の比重が高まり、また教育内容も普通教育中心になっていきます。それは新卒一括採用、年功序列型賃金、終身雇用を特徴とする日本型雇用の確立と連動しています。

しかし、一九九五年の『新時代の「日本的経営」』では、財界の側から「これからは多くの労働者を長期間は雇いません」と宣言されます。長期で雇わないということは、一部の労働者以外は、雇用の安定はなく、長期的雇用を前提とする育成が行われなくなるということです。

斎藤　年功序列賃金と終身雇用制という日本の企業の特質は、もう古いから解体してしまおうという議論が、バブルの前後くらいからさかんにされていましたね。それをさも望ましい改革のように言っていた。働く人たちも、多くは実力主義に賛成していた気がします。「そんなことになったら、自分が排除される側になるとどうして思わないんだろう」と不思議でしたね。仕事もしないで朝から新聞ぼーっと読んでる上司が高給を取っていたりする、そんな構図にムカついていたのかもしれません。「勝ち組・負け組」という言葉が出てきたのも、九〇年代真ん中くらいだと思うのですが、当時の日本の労働者の「自分が負け組になるはずがない」という想像力のなさはすごかった（笑）。

その奇妙な自信は最近になってまったく逆に変わりましたけど、九〇年代前半までは、「ジャパン・アズ・ナンバーワン」の神話がまだ生きていた。

大内　そうですね。『新時代の「日本的経営」』で、A「長期蓄積能力活用型グループ」、B「高度専門能力活用型グループ」、C「雇用柔軟型グループ」と分けられたときに、Cの「雇用柔軟型グループ」に自分自身が入るとは思っていないのです。

斎藤　ぜんぜん思っていませんよ（笑）。もちろん景気によって就職氷河期のような時代も過去にはあったはずですが、第一志望の企業に入れなくても、新卒者が生活に困るほどではなかった。六〇年代の高度成長期からそうだったから、実はあまり挫折体験がない。私の同世代くらいまではそうだと思います。『新時代の「日本的経営」』が後にどんな意味を持つかも、まったくイメージできなかったと思います。

大内　そこにジェンダーバイアスがあって、Aの「長期蓄積能力活用型グループ」に男性労働者を残して、BとCには女性を当てはめれば良いと政策担当者は考えていたと、ジャーナリストの竹信三恵子さんはおっしゃっています。政策担当者の頭のなかでは、この時点でも日本型雇用の性別役割分業は維持されていたというのが、竹信さんの分析です。

斎藤　それはそうですね。「非正規雇用者」の増加が社会問題になって、メディアが騒ぎ出した頃、「今ごろ何を言ってんだか。女性なんかずーっと昔から景気の安全弁じゃんね」という話を友人たちとよくしていました。

大内　でも『新時代の「日本的経営」』を読んで、人件費を削減したいと考えていた財界は、「BとCに男も入れればコストが大幅に削減できる」と発見したんです。

斎藤　男も女並みに扱えばいいんだ、それなら簡単じゃん、って（笑）。

大内　九一年のバブル崩壊は、主として景気循環によって引き起こされた事態です。しかし、『新時代の「日本的経営」』は景気循環ではなく、財界の方針として長期雇用をなくしていくという方向を明確に示しました。世代間ギャップの問題が引き起こされるのは、派遣労働を含めて非正規への移行が若年層を中心に進んだからです。つまり、正規雇用で定年になって辞めた労働者の後は、正規雇用の労働者を補充しないという方法で非正規化を進めていった。

新自由主義のダメージに大きな世代間ギャップが存在するのは、当時の五〇代にとってリストラとは、関連企業への出向や転籍を意味することが多く、すぐに職を失うことではなかったからです。給料はやや下がるかもしれませんが、生活はできることが多い。しかし新卒のほうはそもそも企業に雇用されないか、圧倒的に低賃金の非正規となってしまう。九五年の『新時代の「日本的経営」』の衝撃は世代によって違っていて、若者ほど強烈なダメージを受けています。そのことは、斎藤さんが言われた世代間ギャップと関係していると思います。

斎藤　ああ、世代差は大きいかもしれませんね。さっき言った終身雇用制と年功序列賃金がたとえ過去のものになっても「自分が切られるはずはない」という無根拠な自信。それが九〇年代の末頃になると、中高年のリストラも普通に行われてきますから、「こんなはずではなかった」という感覚がちょっとは広まってきた。しかしそれでも、そこそこ貯金も家もあったりするので、若い人たちのようにガーンとくるわけではない。

大内　統計データを見ても、九七〜九八年くらいまでは世帯年収が上がり続けますからね。世帯年収が低下し始めるのはその後です。しかし若年層の非正規化は、九〇年代前半からすさまじい勢いで進んでいきます。ですから中高年世代の多くにとっては、自分は何とかなっても、自分の子どもは助からないという問題として浮上してくる。

斎藤　それでやっと気づくわけだ。うちの子が就職できない？　どうなってんだ！　と。

大内　それが実は大問題でした。学校教育システムは日本型雇用を前提として回してきましたから。

斎藤　さっきの話じゃないけど、学校は労働市場を見ながら指導しますからね。

大内　九五年以前のものをですね。だけど九五年以後にしろと言われても、高校は普通科が中心のままなのですから、それを急に変えろと言われても対応できないですよ。

斎藤　なるほど。代替案が見つからない。

大内　高校の普通科であれば、通常は英数国理社のアカデミックな科目を勉強して大学に行け、という話になります。大学にしても急に学部や教員を入れ替えることは困難です。教育カリキュラムは簡単に変えられないですから。

そこで何が起こったかというと、日本型雇用が解体するなかで、数少なくなった長期雇用の仕事や職場に生徒・学生を無理やりにでも押し込もうということになります。分厚い中間層は急速に解体しているのですから、数少ない席をめぐる競争が激化します。キャリア教育でも、なんとかして会社に気に入られる人間になりなさいといったことが中心となってしまいます。

斎藤　サバイバルになるのですね。つまり、中間層が両極化しているわけでしょう。いや、両極化ではなくて、中間層全体が落ち込んでいくのか……。

大内　九〇年代から二〇〇〇年代にかけては二極化という感じがしていましたが、二〇一〇年代に入ると中間層そのものの解体・消滅という印象が強くなりましたね。普通教育を受けて、ある程度のレベルの学校を出れば、少しゆとりのある生活ができるという仕事が急速になくなってきています。かといって他の方向が見当たらないから、より少ない席をめぐってなんとかしなきゃいけないという話にしかならない。

教育制度の複線化＝差別化が進むなかで、自分の子どもを私立の中学に入れるかとか、それが駄目なら公立の中高一貫校に入れるなど、子どもを少しでも有利なコースに進めたいという風潮は依然として強いです。

しかし実際には、学校を卒業した後の安定した職場はどんどんなくなっています。学校卒業後の行き先はなくなっているのに、全国学力テストが導入されて点数競争が継続しています。学校教育の主たる部分はいまだに九五年以前のシステムを前提としていますし、教員の側も九〇年代までの「頑張ればなんとかなる」という考えを引きずっているように見えます。

斎藤　代替案が見つからないまま来ちゃったんだ。今でもそうなんですか。

大内　全体としてはそうだと思いますね。

斎藤　二〇年もそうなんですか！

大内　そうでなければ、全国学力テストにあれだけのこだわりは示さないでしょう。確かに結果として点数が出ますから、やらざるを得ないということはあるのかも知れませんが、教員や親も含めて、点数競争への一定の幻想がなければ、全国学力テストの結果をあれほど気にすることにはならないでしょう。

斎藤　そういえば、文科省が全国学力テストを実施し始めたのは二〇〇七年でしたっけ。しかも県ごとに成績のランキングを出したり、学校ごとに序列をつけたりしている。昔よりずっと必死な感じですよね。

大内　必死な現場は少なくないと思います。一方で子どものほうは、労働市場が壊れているので、高校段階で生徒が学習への動機づけを持つことが難しい。以前であれば分厚い中間層がありましたから、偏差値ランキングが下位の高校であっても、そこで良い成績をとって安定した就職をするというコースが存在しました。しかし、高卒労働市場が決定的に劣化していますから、そのコースは極小化しています。

勉強に対する動機づけの困難は中学校段階まで広がっています。「格差と貧困」が深刻化するなかで、高校入試があるにもかかわらず、かなりの生徒が学習時間ゼロというデータもあります。「勉強したって、どうせ大した将来はない」という感覚が広がっています。でも全国学力テストは実施され続けているのです。

九〇年代との違いは、当時は小・中学校時に子どもを塾に通わせて、より良い高校に入れようという風潮が社会全体に広がっていました。それが高校入試前に早々と勉強を諦める子どもが登場してきているということは、戦後に形成された大衆教育社会の解体という衝撃的な事実を物語っていると思います。

斎藤　大内さんの『奨学金が日本を滅ぼす』（朝日新書、二〇一七年）を読んでショックだったことのひとつは「勉強が嫌いだったり、大学に進学する経済的余裕がないなら、高卒で働けばいいじゃん」という言説がもう通用しないんだ、ということでした。「高卒で働けばいいじゃん」というのも随分な言いぐさではありますが、少なくともかつては進学か就職かという選択肢はあったわけですよね。一度就職してお金を貯めて、自力で大学を目指すこともできた。ところが、現在は高卒者の就職枠自体が激減している。専門学校以上の学校に進まないと就職もできないし、進学したところで先が見えない。だとしたら、学習意欲は当然下がりますね。
戦後の日本が曲がりなりにも経済成長を続けてこられた要因のひとつとして、教育に対するリスペクトがすごくあったと思うんですよ。教育への幻想も含めて。

大内 森絵都さんの『みかづき』（集英社、二〇一六年）という小説は、高度経済成長を含めた戦後日本の教育意識のあり方を鮮やかに描いています。良きにつけ悪しきにつけ、教育は戦後の日本社会を発展させる主要なエンジンだったと言えるでしょう。

斎藤 「自分は諸般の事情で勉強ができなかったけど、子どもには……」と親がみんな思っていたということですよね。教育に対するゆるぎない信頼があった。それはもう福沢諭吉の時代からだと思いますよ。『学問ノス丶メ』はまさにそれですもんね。

大内 自分が達成できなかったことを子どもに達成させたい。子どもを上昇移動させるためには、良い学校に行かせることが大事だという大衆意識だと思います。その大衆意識に穴が開き始めた。下位の高校からそれが始まりました。高卒就職の場合には、高校と企業との間に「実績関係」があって、その高校で成績の良い子が優先的に就職できましたから、生徒たちに成績を良くしようという動機づけが生まれました。でも高卒の就職がなくなってしまえば、その動機づけが働かなくなります。
その時期がどんどん早くなって、小学校や中学校の時期から諦めてしまう子どもが出てきています。シングルマザーや経済的に豊かでない親が、自分の子どもに「絶対に大学に行くな」と、保育園の頃から強く言い聞かせているということを、最近複数の地域の保育士さんから聞いています。中学三年生くらいまでは、「できれば良い学校へ入りたい」という雰囲気が教室に満ち満ちていた頃とは違っています。

斎藤 それは天と地ほどの違いですね。「良い学校に行って良い会社に行くだけが人生じゃないよ」とか言っちゃってましたもんね、かつては（笑）。「良い学校と良い会社こそが人生の目標である」ってことが、すべての前提になっていた。

大内 「良い学校に行って良い会社にいくことが大事だ」という風潮が強かったからこそ、そういう批判が必要だった。でも、小さい頃から学習への意欲を持たない子どもや、子どもを大学に行かせようと思わない親たちが層として登場してきています。それにもかかわらず、全国学力テストは続いていますし、集団主義的な部活動も維持されています。

ですから、九五年以降の状況に、学校教育の側が対応不能になってしまっているのです。中間層の解体と貧困層の増加があるにもかかわらず、それを学校教育でなんとか解決しようという、望ましくもなくまた可能でもない方向を進んでいます。中間層の解体と貧困層の増加を解決するのは、教育政策ではなく社会政策の課題ですから。

でも教育改革は、学校に期待をかけるという話になっています。しかも、新自由主義ですから学校に関わる教育予算は増やされない。学校に通うだけで多額のお金がかかります。特に一八歳以上の大学・専門学校には多額の費用がかかります。ですから学校教育が可能性を切り開くのではなく、格差や貧困を助長する装置になってしまいます。学校に行くことによって貧しくなってしまう。

なぜ教育は貧しくなったのか

大内　奨学金問題も同様の構造から生まれています。八〇年代から九〇年代に大学の授業料が上がっても大丈夫だったのは、当時は親の所得上昇が続いていたからですし、奨学金を借りたとしても、大学卒業後に正規就職することが比較的容易で、それを返すことが可能だったからです。

それが近年はとても困難となっています。大学における奨学金利用者が九八年には約二割だったのが、二〇一〇年には五割を超えて、半分以上の大学生が奨学金を利用するようになります。二〇一七年二月一二日に放映されたＮＨＫスペシャル「見えない〝貧困〟――未来を奪われる子どもたち」では、千葉県内の一六校が生徒のアルバイトの実態について行ったアンケート調査が示され、半数以上の高校生が生活費のために働いている実態が報道されました。

斎藤　家計のための奨学金！　それはすごいな。「苦学生」という言葉がかつてはあったように、アルバイトって、六〇年代くらいまでは学費を稼ぐ手段だった。古い小説にはよくそういう学生が出てきます。だけど、ある時期から、自分が欲しいモノを買うとかの、親に負担させるのは申し訳ないと思われる資金を稼ぐための手段になりましたよね。せいぜい仕送りの足りない分を補うくらい。

大内　遊びのためのお金だとか、大学や専門学校の入学金を稼ぐためにアルバイトをする高校生は以前から多かったですが、現在では家計を支えるためのアルバイトが増加しています。

そこには親の雇用劣化が影響しています。バブル崩壊後の就職難の世代は、非正規や正規であっても低賃金の周辺的正規労働者が多く、彼らは前の世代よりも所得水準が圧倒的に低い。その子どもたちが、今高校生・大学生になり始めています。高校生がバイト漬けで部活ができなかったり、日常の食事に困る小学生や中学生も増加しています。どうやって子どもの食事を確保するかということに悩んでいる小・中・高校の先生は、私の周囲にも大勢います。

九五年くらいから雇用の崩壊が起きていることに対して、新しい学校教育のビジョンが打ち出せていません。親に一定の経済力があることを前提に、小・中学校においても無償なのは授業料と教科書代だけで、完全無償化は実現していません。

給食費や修学旅行代が払えない、あるいは絵の具や新聞など授業で必要ないものを準備できない子どもが増えていくなかで、教員の負担は増加してきました。雇用が不安定化し、貧困が深刻化するなかで、親による学校へのクレームや子どもの心身の不調に多くの教員は直面しています。多くの教員がソーシャルワーカー的な役割を強いられるようになっています。しかし、教育予算は増加しませんから、学校の予算や人員は増えません。すると教員の負担は重たくなる一方です。書類事務の急増に加えて、こうした負担の増加が教員のバーン・アウト問題を引き起こしています。

斎藤　生活全部を教師が背負っちゃうわけですね。それは荷が重いですね。

大内　部活動顧問の問題が浮上したのもそこに理由があります。土・日の試合数が増えて長時間化するなど部活自体の負担増加に加えて、教員の多忙化が深刻化しています。増え続ける書類事務に加えて、ソーシャルワーカー的な役割までが教員に求められると、現在の部活動顧問の負担には耐えきれないという叫びが若手教員から生まれています。

現在ほど学校現場の多忙化がひどくなかった上の世代は、部活動顧問の負担にも耐えられたという面があるでしょう。日本の学校教育は、ノートや鉛筆、給食や制服を用意しなさいと言えば、ほとんどの家庭があまり文句も言わずにそれを準備することができる分厚い中間層を前提にしていました。

斎藤　ご家庭の協力があるからできたわけですね、あのきめ細やかな学校教育は。学校と家庭の連携プレーで、文字通りＰＴＡ（ペアレントとティーチャー）が協力しあってたわけだ。

大内　一週間の給食当番のときに着ていた割烹着を家で洗って、月曜日に持ってきなさいとか。そういうことが疑問もなく行われていたのは、六〇～七〇年代につくられた中間層を前提にしていたからです。

斎藤　体操服にゼッケンをつけてきなさいとか、雑巾を縫ってきなさいとか。

大内　そういうことが全部可能だったのは、六〇～七〇年代につくられた分厚い中間層がいたからです。

斎藤　分厚い中間層は、同時に性別分業家庭でもあったってことですね。お母さんの係をやる専業主婦がいなければ、雑巾を縫ってくれませんからね。そういう子どものサポート役がいたからこそ、きめ細かい対応が可能だったということもある。共働きの家庭は大変だっただろうな。今でも同じでしょうけど。

大内　そうですよ。戦後に形成された中間層のあり方がすべて良いとは言えません。そこには性別役割分業などの問題が存在しています。ここで確認したいのは、日本の学校教育を支えてきた分厚い中間層が解体してきているという事実です。

　制服問題の文脈も変わりました。私自身が通っていた高校は私服でしたが、「制服から私服へ」という議論が中学校や高校で起きたときに、八〇年代であれば、「私服を準備するのにはお金がかかるから制服のほうが良い」という声が必ず出ました。制服であれば、多種類の私服を買わなくても良いから、経済的にも楽だということです。

　しかし、現在では「制服代が高い」という話になっています。かつてであれば、多くの人は文句も言わずに制服代を支払っていました。しかし、それを支払うことが困難な貧困層の増大が、制服代を社会問題化させています。

斎藤　以前は制服自由化闘争とかありましたからね。まったく別の文脈で。

大内　そうですね。制服は管理だから自由化したいという運動がありましたが、その制服が高いから私服化してほしいということになっている。そこには制服代の高さに加えて親の経済力の変化が関係しています。

斎藤　そういう親御さんの経済的な問題が目に見えて出てくるのって、いつからですか。一〇年くらい前からですか。

大内　もっと前から徐々に進んでいたのでしょうが、新聞やテレビなどのメディアで制服や給食の問題が可視化されたのはここ数年です。中間層の解体を考える際には、さきほどの奨学金の問題が鮮明ですね。大学生の奨学金利用者の割合が、九八年の約二割から、二〇一〇年には五割を突破しました。大学の学費を負担することができたのが日本の中間層です。学費に困っている家庭はそれまでは少数でした。

斎藤　貧困はいつもあるのだけれども、数は少なかった。

大内　多くの家庭が、学費負担可能でした。しかし、負担が不可能な人が五割を超えました。大学や大学生の数が増えたといっても、四年制大学進学率は全体の約五割です。子どもが大学進学する家庭のほうが、子どもが大学進学しない家庭よりも階層が高い傾向がありますから、だいたい経済的には上位半分の家庭出身者のうちの半分以上が、学費のためにお金を借りなければならなくなっているということになります。

斎藤　そんなのって先進国ではないですね。

大内　おっしゃる通りです。日本社会における貧困層の問題は二〇〇五年前後からメディアに登場し始めました。それが、二〇〇八年末の年越し派遣村で一躍脚光を浴びることになりました。年越し派遣村から一〇年弱たった現在、大きく浮上してきたのが中間層解体問題だと思います。

所持金が三〇円で屋根のあるところで年末年始を過ごせないという「貧困層の発見」が行われた年越し派遣村の時期から、多くの家庭が子どもに十分な教育を受けさせられない、大学に行かせるためには奨学金という名の借金をしなければならないという「中間層の解体」が、急速に問題化しているのが現在ではないでしょうか。

斎藤　あっという間ですね。崩壊するのは早いんだ。

「軍隊教育」化する学校

大内　それこそが日本における社会民主主義の不在に起因すると言えるでしょう。六〇年代から九〇年代前半までの経済成長を前提とした社会のままなのですから、その成長がなくなれば当然崩壊します。ヨーロッパ諸国では、大学授業料が無料であったり、奨学金が給付であったり、住宅費が安いことなどによって、成長率が下がってもそれほど深刻な事態にはなりません。しかし、これだけ日常生活の市場化・商品化が進んでいる日本社会で、手元にあるお金が減ったら、日常生活で必要なものが手に入らなくなりますから、すぐに崩壊するでしょう。

斎藤　社会資本が支えている部分がないですもんね。二〇〇九年に民主党政権が打ち出した「子ども手当」や「高校の授業料無償化」は、とても良い政策だったと思うんです。どこが良いかというと、親の所得に関係なく一定の手当を支給するってとこですね。親の経済力なんていつ変化するかわからないんだし、子どもによって支給される子と支給されない子、無償になる子とならない子がいるっていうのは、子どもの区別につながります。お金は親ではなく子どもに出すべきなんです。だけど結局、「子ども手当」は従来の「児童手当」に戻り、高校の授業料も「高等学校就学支援金」とか言っちゃって、親の所得制限を設ける制度に変わった。その上、今では生活保護の不正受給者を糾弾するんですから、何をかいわんやです。

大内　そうですね。自由化や個性化が、九〇年代までは深刻なものとして受け止められていません。自分が「負け組」になると思わないから「私も良い学校が選べるんじゃないか」という具合で、学校選択もOKという話になる。自由化や個性化は、当時は可能性として映っていました。ところが一〇年たって二〇〇〇年代に入ったら、自由化や個性化と言われても多くの人々には、それを選べる余裕がなくなっていきます。

斎藤　ぜんぶ経済格差に反映されてしまったわけですね。

大内　そうです。八〇年代の臨教審の議論が、二〇〇〇年代に入って階層化を生み出し、固定化するものになってしまった。それに対してどうしたら良いのかが問われているのですが、学校教育が親世代の「頑張って子どもを教育すれば良くなる」というかつての「成功体験」を前提としているものだから、十分な対応ができていません。

教員の側も、自分自身が教員になる過程で、「自分の努力によって現在の職業に到達した」という感覚を持っている人が多い。若い世代の教員のなかには、「生まれによる差別」や「努力することが困難」な境遇の出身者も増えてきてはいるのでしょうが、多数派ではないでしょう。しかも、九〇年代以前の「経済成長世代」も職場にいて、年齢の高い彼らのほうが学校教育の決定権を握っている場合が多い。ですから今の社会が根本的に変わったとは認識できていない。だから従来型の指導をしてしまうのだと思うのですね。

そうでなければ奨学金問題の発見がこれほど遅れるということもなかったでしょう。多額の奨学金を借りても、「大学を卒業して一定の就職をすれば何とかなる」と考えているとすれば大きな問題です。学校卒業後の、若年層の雇用が急速に悪化していることが、十分に認識されていません。

むしろ何をやっているかというと、去年内田良さんと対談をしたときの話でも出たように（『教育の病』から見えるブラック化した学校現場――『感動』『一体感』『理不尽さ』を問い直す」『現代思想』二〇一六年四月号「特集＝教育サバイバル」）、2分の1成人式や組体操、つまり親をどうやって感動させるかに躍起になっているということです。

そこでは、子どもは見世物になります。リスクや苦しむ子どもがいることが分かっていても、親に受けるのであればいい、という病理が学校現場で進行しています。そこは学校や教員への評価のまなざしが強まったことも関係しているのでしょう。新自由主義による教育の市場化が進むなかで、消費者の要求に応えることが教育現場では優先されている。

斎藤　イベント好きですよね。幼稚園もそうですけど、学校もイベントが多くないですか。組体操もそうですけど、観客を入れて、みんなで一つのことをやろうじゃないかと。

大内　それがまた、学校現場での感動とか絆の重視につながります。

斎藤　そう、感動するのも、させるのも好き。かつての学校は、今日を生きるためというよりは明日のためのファームというイメージだったと思うのですよ。社会に出たときや、上の学校に進学したときのための基礎をつくっておくという意味で。それが良いとは限りませんが、いつも「次」のための準備を意識していた。しかし、「次」があまり見えてこないとすると、刹那的であれ、今を楽しもうという気分になりませんか。

大内　従来型の学校の役割が揺らぐなかで、その場での充足が求められるようになっている傾向はあるように思います。

斎藤　社会全体と学校のなかの動きが連動している気がします。

大内　ただ、実際には「その場の充足」を強めるなかで、困っている子どもや親も出てきています。2分の1成人式にも抑圧を感じている親はたくさんいて、なんとか抵抗しようと思っても、同調圧力の強い学校ではとてもそれを言うことができない。「その場の充足」が重視されるなかで、隠されていることや抑圧されていることがたくさんあります。

斎藤　そりゃそうでしょうね。イベントが増えれば、その分抑圧も増える。「2分の1成人式」って、成人の二分の一、つまり子どもが一〇歳になる小学四年生の三学期にやるイベントのことですよね。授業参観を利用して、親への感謝の手紙を読んだり、いままでの一〇年間を振り返ったりする。ああいうのは、いつから始まったんでしょうか。

結婚披露宴で親への手紙を読む習慣も、いつ始まったのか分かりませんが、ほんと気色悪いです（笑）。親御さんはもちろん、会場はみんな泣くしさ。あらゆる機会をとらえて「感動」を演出したいわけですよ。結婚式でも学校でも、なんでもいい。

第一次安倍政権の時代に「教育再生会議」というのがあったでしょ。知識人やタレントで構成された非常にバカバカしい寄り合いだったのですが、その議事録を読んで爆笑したことがあります。「三〇人三一脚」をやれ、とかマジメに提言している委員がいるの。当時、小学生を対象にテレビでやってた企画です。それで一体感や達成感が養われると思って芸をさせたがるんです。

大内　そんなことがマジメに提言される（笑）。一体感や達成感へのこだわりは異様です。それよりも重要なのは労働法です。雇用のあり方がこれだけ変わってきているのですから、それへの備えを学校で行う必要があるのですが、まったくできていません。これだけブラックバイトが深刻化するのは、何にも教わっていない証拠ですよ。まず生徒・学生の多くが労働法を教わっていない。労働法を教わっていないどころか、むしろ理不尽な労働条件に、積極的に従うメンタリティのほうが育ってしまっている。私がブラックバイトを調べてわかったのは、多くの学生がブラックバイトの「理不尽な扱いを受け入れている」という事実です。

斎藤　しょっちゅうあるイベントのなかで、強要されているとも思わずに、一体感や達成感を味わったつもりになる。そういう体験を繰り返していると、感覚が麻痺しますね。

大内　あるいは、数々の理不尽なことがあった部活動での体験から、職場でそんな目に遭っても「まあ、そんなものだよな」となる。

斎藤　昔の軍隊教育みたいです。

大内　そうですよね。毎年熱中症で倒れる人がいるのに同じ炎天下のところで部活の合宿をする。あるいはその合宿先で、大量のご飯を絶対食べられないのに吐くまで後輩の部員に食べさせる。

斎藤　高校野球だって、まともな神経の人なら「夏の大会はやめろ！」と思います。

大内　現代の軍隊教育としての部活動ですね。これは先ほどのソーシャルワーカー問題とも関わるのですが、教員の多忙化も理不尽なまでに進んでいます。性別役割分業には大きな問題がありますが、男性の長時間労働を放置したまま女性までもが男性並み労働になってしまえば、一体誰が家事や育児などの再生産労働をするのでしょうか？　現状の日本の労働時間では、共働き世帯では育児や家庭での十分な子育てができません。だから、学校の託児所化が急速に進んでいきます。

　学校の託児所化が進むなかで、部活動顧問やソーシャルワーク的な内容が加わると、教員は日常的に無尽蔵な労働を強いられます。そうすると、先ほどの話がつながって、だからこそ社会の変化がわからなくさせられてしまいます。本当は卒業生の行った就職先を五年後くらいに丁寧に調べれば、いかに雇用が激変しているかがわかるはずです。そうすれば日々の教育内容や進路指導を変えていく必要性に思いが至るはずです。ところが、そういうことをする余裕がない。

斎藤　ゆとりがないから全体像が見えなくなる。先生の労働強化が進んでいるという話は、随分前から聞きますが、でも、社会的な同情を引きにくいかもしれません。それを労働強化というのなら、民間企業はずーっと労働強化じゃわい、というね。先生は夏休みも春休みもたっぷり取れて羨ましい、という昭和の常識はまだ生きている。労働者としては教師は安定しているし、民間の労働条件が悪化した分、相対的に給与もいい。

教育基本法の改定反対運動の頃の話ですが、教育基本法の改悪にもちろん反対だけど、教師と連帯する気にはならないんだ、という人が意外に多くて驚いたことがあります。あの人たちは結局エリートでしょ、夫妻で教師なんていうのは富裕層だ、敵だと。地方都市では、特にその傾向が強いように思います。それが高じると、親も社会も教師をリスペクトしなくなり、不信感だけが募っていく。すでにその悪循環に入っている気もします。

大内　教員など公共部門の労働者と民間企業労働者の分断は深刻な問題ですね。教職員組合など公共部門の労働組合の側に、民間企業の労働者といかに連帯するかという構想や実践が不十分であったことも事実でしょう。また、教員免許は大学で取得しますから、大学卒が基本です。大学卒が少数だった時代に一定の地位と尊敬を集めていた戦後すぐの時代と比べて、大学進学が大衆化した現在では、教員の社会的地位の相対的低下は明らかでしょう。そのなかで、教員へのリスペクトから教員バッシングへの変化が起きています。「子どものために」ということで、教員が無限のサービスを強いられて、しかもあまり感謝されない状況が広がっています。

斎藤　だから壊れる先生が多いのですね。心を病んでしまったりする。

大内　教育現場の多くが最悪の労働環境になってきています。この間にも、「部活未亡人」が話題になりました。部活があるから、私は結婚していても未亡人状態という意味です。「部活離婚」も増加しています。

斎藤　ええー、部活で離婚！　学校によっては部活は全入を義務づけられているという話も聞いたことはありますが、部活って今、そんなに盛んになってるんですか。

大内　中学校の場合は全体として見ると、かつて以上にエスカレートしているし、時間も長くなっています。土日はほとんど部活動で潰れるという教員は厳しい生活を強いられています。

ワークルールを学ぶということ

大内　七〇年代くらいから、非行対策として部活動を重視したという面があります。そこから九〇年代以降になると無限のサービス路線へとつながってしまいました。斎藤さんの本を読んで「本当の政治の話を学ぼう」と教員が思っても、学べない労働環境がつくられているのです。そして今度は生徒にも、「ほとんど無給でやっているんだから、お前もやれ」ということで、子どもへの部活強制や過酷な指導が広がっています。

これに対して、ツイッター上で「私は部活顧問を拒否する」という動きが出てきました。これが大きな共感を得て、各地で「私も」「私も」と広がっていきました。今度の三〜四月にも初めて部活顧問の拒否に挑戦する教員がたくさん出てくるでしょう。組合からではなく個々の教員の決起ですね。ギリギリの状況に追い込まれた若い教員たちが声を上げ、部活顧問強制拒否の署名もつながっていきました。

私は二〇一三年六月に「学生を尊重しないアルバイト」をブラックバイトと名づけました。ブラックバイトで、高校生・大学生の労働問題を訴えたことと、この問題は通底しています。高校生や大学生はバイトで理不尽な目にあっているのと同様、教員も部活顧問で理不尽な労働条件に置かれています。

斎藤　部活がブラック企業だとしたら、教師は中間管理職、生徒は末端社員みたいな感じですね。それでは、バイトの理不尽さを教えようにも教えられない。抑圧された教師自身が生徒を抑圧するって構図だもんなあ。

大内　「ワークルール教育推進法」が国会に出されようとしています。これを学校で教えるにしても、先生自身の働き方がワークルールを尊重していないという実態があります。

斎藤　ワークルール教育推進法は、日本労働弁護団の弁護士さんたちが、再三にわたって法制化を要請している法案ですね。教育現場からしたら、忸怩たる思いがあるかもしれない。それでも、ワークルールでも労働者の権利でも良いから、学校できっちり教えてほしいです。社会に出ても分断されて、組合も機能していない状況では、労働三法（労働基準法・労働組合法・労働関係調整法）を死ぬまで知らずに働きつづける可能性だってあるわけですよね。労基法くらいは社会に出る前に学校で叩き込もうよ。公民の授業などでは一応出てはくるのですよね。

大内　名前くらいは出てきますが、権利としての労働法を学んではいません。むしろ、部活動やバイト先で、理不尽なことにも従う習慣を身につけてしまっています。

斎藤　そうなんだ（苦笑）。順応するのが人生だというふうに刷り込まれてしまっている。今野晴貴さんの『ブラック企業――日本を食いつぶす妖怪』（文春新書、二〇一二年）に出てくるような事態が学校ですでに先取りされている。

大内　バイトの労働現場を丁寧に観察していてわかったことは、部活そっくりだということです。バイト先が部活を真似している。

斎藤　じゃあ、やっぱり部活が、バイトの前哨戦、練習試合みたいになっている？

大内　バイト同士の声の出し方、ミーティング、先輩による後輩への指導の仕方は、部活に酷似しています。後輩が辞めようとしても、先輩に「辞めるな」と言われると辞められないのもそうですね。先輩は「今度はお前がリーダーだからな」と後輩を育成します。これで職場がバイトのみで維持されるシステムができあがります。バイト先が、バイトを「基幹」労働とするために、部活動のやり方を参考にしたのでしょう。

斎藤　ブラックバイトの蔓延に、部活が手を貸しているということですね。こわっ！

大内　部活にも電通の「鬼十則」みたいなものがあるのではないでしょうか。やはり学校でそういうものが称揚されているし、教育もそのなかでみんな本当は嫌でも、黙ってやっています。

教員の部活顧問やサービス残業が広がる状況もそうです。周りから「子どものためにならないじゃないか」と言われるなかで、それを拒絶することは大変なことです。教員の過酷な労働実態を「教育」という言葉で不可視化させてきました。「子どものためになるのだったら、無理するのは当然だろう」というのに対して、「自分はもうやらないんだ」と部活顧問の強制を拒否したことは極めて重要です。部活動顧問に加えて、組体操のリスクや2分の1成人式の持っている抑圧など、学校現場で起こっているいろいろな抑圧の問題がようやく見え始めていて、その辺りが一つの突破口だと思います。

戦後を支えてきた日本型雇用の努力主義的言説、あるいは「子どものため」言説が邪魔しています。しかし、努力主義や「子どものため」と言っても、「もうムリ！」という状況が広がっています。これだけ家庭の階層間格差が広がれば、いくら学校の集団同調圧力が強いといっても、制服が買えない、給食代を払えない、修学旅行に行けない、部活に参加できないといったかたちで、同調圧力への抵抗や逸脱が起こってしまいます。中間層が分厚い社会を前提にしている学校教育と社会構造の現実が大きな矛盾を生み出しています。教員も多忙化によって、サービス主義の限界が見えてきています。そういう点で矛盾が噴出しているのが今の学校だと思います。

斎藤　さすがにもう持たなくなってきた、ということですね。それでも、さっきも申しあげたように、未だに先生は夏休みも春休みもあって良いよね、みたいな昔のイメージを持っている人はたくさんいます。少なくとも自分の方が苦労が多い、と。

大内　部活顧問についてもそうですね。アンケート結果によれば、親の多くが教員の部活顧問の負担を大変とは思っていません。学校の先生の働いている状況の深刻さを、多くの保護者は認識していません。その距離が事態を一層深刻にしています。

斎藤　話がそれますが、一〇年程前に部活もアウトソーシングの時代だという話を聞いたことがあります。部活の民営化ですよね、つまり。子どもたちは、学校の部活ではなくリトルリーグやサッカー少年団、体操教室などに入るようになってきて、学校のなかの部活は消滅する方向にある、と。それは違うということなのでしょうか。

大内　部分的にはそういう動きはありますが、学校での部活全体が減ってきているというデータはありません。部活に外部指導者を入れるという動きは一定広がっていますが、それも不十分です。今日(二月一九日)の『読売新聞』に「部活の外部指導、職員扱い――中高教員の負担軽減」という記事が出ましたが、外部指導者による試合への引率を認めるというものです。つまり、これまでは担当の教員が引率していたということでしょう。だからおっしゃったようなクラブスポーツはあるのでしょうが、少なくとも部活動全体を減じる動きにはなっていません。

斎藤　そうなんですね。部活に参加していなくても、自分の県で総体や国体が開かれる際などに、子どもたちが動員されるという傾向もあります。全員参加で武道の演技などをやらされる。先生たちは、それは動員だろうと思わないのでしょうか。

大内　反対の声はあると思います。東京オリンピック用の『オリンピック・パラリンピック学習読本』についても、配られた瞬間に子どもたちが「税金の無駄じゃん」と言ったそうです。オリンピックへの子どもや教育の動員、「ブラック部活」を促進する中体連や高体連の組織のあり方への批判の声は存在しています。

こうした国家動員のあり方が、社会の「体育会系化」を推し進めているように思います。電通の過労自殺事件を見ても、日本は「体育会系経済」が跋扈しています。一流企業と呼ばれるところでも、論理的な思考力や知性よりも「気合」や「根性」、「女子力」が重視される。部活動や会社をはじめとして、社会全体のなかで「体育会系的なもの」が重大な位置を占めていると思います。

斎藤　それが延々と戦後七〇年間も続いている。体育会系の部長は真っ先に就職が決まるという話が、私の大学時代にもありましたが、「社会が求める人材」の質が変わっても、体育会系の優位は消えないんですね。軍隊的な組織のありようと、それを受け入れる構成員という。

大内　雇用の安定性が崩れたにもかかわらず、「体育会系経済」は延々と残っています。むしろ、理不尽な状況に耐えるという点では「体育会系経済」は強化されています。

問題はありましたが、日本型雇用においては、「企業による過剰支配」を受け入れる代わりに、労働者は「雇用の安定性」を得ることができました。しかし、ブラックバイトや非正規の基幹化は、「企業による過剰支配」を受け入れても、「雇用の安定性」は得られません。経済的な利益や雇用の安定性は得られないのに基幹労働を強いられている。そしてそれを当然のものとして受け入れるメンタリティが生み出されています。

先ほどの『新時代の「日本的経営」』のA、B、Cで言ったら、Cの「雇用柔軟型グループ」であれば、低賃金で不安定なのだから、とりわけ企業の過剰支配なんて受け入れなければ良いのに、彼らも企業の過剰支配を受け入れているのです。それが、理不尽なことを我慢する「体育会系経済」の特徴です。

斎藤　二〇一三年のはじめごろ、大阪の高校のバスケットボール部の生徒が顧問の教師の体罰で自殺した事件がありましたでしょ。そのときにいくつか読んだ本で知ったのは、戦前の学校はあんな風に強圧的ではなかったということです。教師が体罰を行うとか、子どもに一方的に命令するといったことは、徴兵された教師が軍隊で身につけた方式だというんです。戦前の学校は全体主義的だったのではないかと考えがちですが、事態は逆で、むしろ戦後の傾向だと。戦時のオキテが、平和な戦後まで継続しちゃったわけですね。

スポーツの体罰問題で面白かったのは、元プロ野球選手の桑田真澄さんの本（平田竹男氏との共著、『新・野球を学問する』新潮文庫、二〇一三年）でした。桑田さんはくだんの事件の際にも「体罰に愛を感じたことは一度もありません」と言いきって注目されましたが、高校生のときから合理的な精神の持ち主だった。一年生で甲子園の優勝投手となった後、監督に練習時間は三時間にしましょうと提案したというのです、平日でも四時間・五時間の練習は当たり前だった時代に。それがＰＬ学園の黄金時代につながった。

彼みたいに、選手としても優秀で、堂々と意見を言える生徒がいて、またそれを受け入れる柔軟な監督がいないと、絶対そのまま行くわけですよね。最近では、新しい方法論で連勝を続けている青山学院大学の駅伝部が有名ですが、たまにそういう成功例はある。しかし、それが非常に変わった例として報道されるのは、体育会は相変わらず全体主義的だ、という証拠かもしれない。

だから労働現場も変わらない。桑田さんは、戦後普及した「野球道」、言い換えれば体育会のオキテは「練習量の重視」「精神の鍛錬」「絶対服従」の三つだと指摘しています。今のブラック企業とまるで同じ。教育と労働はやはり地続きなんですね。

平和教育のこれから

大内 戦後の反省を踏まえて左派やリベラル派は「平和教育」の重要性を主張してきました。しかし、部活動をはじめとする日常の学校教育の軍隊性は十分には問われませんでした。なぜ左派やリベラル派が退潮したのかを考えるときに重要なポイントだと思います。

斎藤 平和平和と言いながら、目の前で起きていることを見ていなかった。

昨今「右傾化」が話題になっていますが、いわゆる戦後の右傾化の歴史を見ていくと、一番先鋭的にそれが顕在化するのは、ご承知のように教育の場なんですね。いつも問題になるのは歴史や公民教科書だったりしますし、道徳の教科化も、国旗・国歌の強制も、学校が真っ先にターゲットになります。

それから、経済の問題と政治の問題はみごとにリンクする。歴史修正主義の台頭は、雇用の不安定化と、本当に歩調を合わせて進んでいるんだと思い知らされます。

大内 九六年の自由主義史観研究会の『教科書が教えない歴史』の登場と、九五年の日経連の『新時代の「日本的経営」』とはほぼ同時期です。労働市場における支配構造の転換と、極右の台頭は密接に関係しています。

斎藤 九五年は阪神・淡路大震災とオウム真理教事件の年で、そのインパクトがあまりに強かったために、本来なら考えるべきいろんなことがスルーされた気がします。戦後五〇年をきちんと振り返る機会を逸したのもそのひとつです。『教科書が教えない歴史』が出たのも「新しい歴史教科書をつくる会（つくる会）」が発足したのも、その直後。地震とオウムに心を奪われている間に、ドサクサに紛れて雇用政策が転換し、歴史観も転換した。

さっき、橘木俊詔さんの『日本の経済格差』が出版された九八年が「格差社会元年」だと申しましたが、同じ年には、小林よしのり氏の『新・ゴーマニズム宣言SPECIAL戦争論』（幻冬舎、以下『戦争論』）がベストセラーになっています。この二冊に象徴されるダブルパンチが、今から思うとターニングポイントとしては大きかったと思います。

安倍晋三は『戦争論』を読んで歴史を学んだんだろうと、私は勝手に思っているんです。百田尚樹もそうじゃないかな。私は彼らと同世代なので、その感じもわかるんです。七〇年代後半に大学生活を送ったわけですよね。そうすると、もう政治の季節は終わっている。レジャーセンター化する学校のなかで、歴史のことなど考えなくても大人になれた。その人たちが三〇代で冷戦構造の終焉を目にして、社会主義は間違っていたんだと何の前提知識もないのに思う。そして四〇歳前後になった頃に、「つくる会」などが出てきて、「今までの歴史は自虐史観だった」とか言うわけですよ。それまでの歴史の知識がゼロだから、そりゃあ感化されますわね。

だけど、日本の教育は自虐してませんからね。ずっと被害者史観だった。戦争の記憶は鮮明だったはずですが、反面、私が子どもだった六〇年代には『0戦はやと』や『紫電改のタカ』なんかが人気でしたから、全然反省はない。加害責任について考え始めたのは、せいぜい歴史教科書の検定基準に「近隣諸国条項」が加わった一九八二年くらいからでしょう。戦時中の慰安婦について謝罪した「河野談話」が九三年、侵略戦争を謝罪した「村山談話」が九五年ですから、反省が共有された時期はたった一〇年程度です。

それに対する左派の言説も、紋切り型なんですね。「二度と戦争を起こしてはいけません」「子どもたちを戦場に送ってはいけません」。そればかり。先の戦争のような総力戦をイメージしているのだと思いますが、その認識もズレている。六〇年安保の頃の反戦平和運動から先に進んでいないので、これじゃあ右派に負けても仕方ないかな、と。

大内　本当にそう思います。ひとつは「戦争の記憶」の語り方の問題です。平和教育や平和運動は戦争体験者の「戦争の記憶」に依拠してきました。時間が経ってくれば直接の戦争体験者は減っていきますから、「戦争の記憶」の「語り直し」が必要なのですが、それが十分にできていません。二つ目は戦争自体の変化を捉えることの必要性です。アジア・太平洋戦争は国民皆兵、全員徴兵の戦争でした。でもこれからは、貧困層の戦争動員、経済的徴兵制こそが課題となります。

そこで先ほど私が言ったことですが、平和教育においても「国民」主義が問われる必要があります。こんなにも階級・階層間格差が拡大していくなかでは、戦争国家化を進める政府に対抗してみんなで連帯するとは簡単にはなりません。むしろ「今起こっている階層分化のことをちゃんと問題にしなければ、戦争になるんですよ」と言説をモードチェンジしなければならない。さらに言うと、雇用がこれだけ劣化しているということは、私に言わせれば今の先生たちは子どもたちをすでに戦場に送っているのです。そういう自覚が足りないと思います。

斎藤　なるほど、厳しいですね（笑）。けれど、自衛隊の募集人員に対する応募者数は数字を見ると減っています。それはまだ持ちこたえていると言えるのでしょうか。

大内　集団的自衛権行使容認の閣議決定以降は、「自分の子どもが危険地帯に送られる」という危機感は一定広がっています。しかし、もっと長いスパンでは、予備自衛官を希望する大卒がかつてよりも増えていたり、奨学金を返すために自衛隊を希望する学生もいたりします。自衛隊はアメリカの軍隊ほどの社会的プレゼンスを持っているわけではありませんから、雪崩を打って応募するという事態にはなっていませんが。

斎藤　アメリカの軍隊は経済的に苦しいヒスパニックの人たちです。日本でも経済的に貧しい若者を自衛隊が狙い打ちするだろうと予測する人もいますが。

大内　先ほど「戦場に送る」という言葉で私が言いたかったのは、子どもたちを「自衛隊に送る」ということよりもむしろ、「過労自殺」や「過労うつ」を日々生み出している「戦場のような職場」に何ももたせずに子どもたちを送っているということです。

斎藤　あ、そっか。頭を切り換えなくちゃいけないんだ。わかりました。自分を守る術も教えないで、社会に放り出して、過労死させる。それは子どもを戦場に送りだすのと同じだということですね。

大内　最近も大学卒業直前の四泊五日の入社前研修で、ケータイやスマホを取り上げられて、期間中に社訓を絶叫させられるなど「洗脳研修」の被害にあった学生の相談がありました。

斎藤　自衛隊に体験入隊させろと言ってる人もいるくらいで、厳しい研修こそが大人へのイニシエーションだ、みたいな言説は流布しています。

大内　「実社会とはそういうものだ」として当然視する風潮はありますね。こうした「洗脳研修」による虐待型管理を行う職場がこれだけ蔓延しているということを考えると、「子どもたちを戦場に送っている」と言っても過言ではないと思います。

斎藤　格差社会でのサバイバルと労働現場がすでに戦場なんだという認識を持たないと、いけないってことですね。先生たちはそのような認識をお持ちなんですか？

大内　奨学金返済をするため、または親の生活を助けるために自衛隊を希望する学生のことを冷静に見つめれば、そうした状況は認識できると思います。ブラック企業の職場よりも自衛隊のほうが「マシだ」と考える生徒や学生が実際にいるのです。その現実に直面して生徒や学生にどんな言葉をかけるのでしょうか。「ブラック企業のほうに行きなさい」と言うのでしょうか。そういう若者雇用の厳しい現状を平和運動側が深く認識しなければ、活路はないと思います。

高卒の場合、一部の製造業を除けば不安定雇用が蔓延していて、一生ワーキングプアになってしまいます。高卒はワーキングプア、大卒の半数以上は奨学金という名の借金を抱えている。このように若者の日常が戦場となっている状況で、どうして「現在の平和を守りましょう」とか「二度と戦争をしてはいけません」という言い方になってしまうのでしょうか。これではまったく噛みあいません。

斎藤　だから平和運動は若い人たちに響かないのですね。特定秘密保護法や安保法制などで国会前のデモなどに集まる人たちは、だいたい高齢者。定年退職したリタイア組が中心です。

SEALDsも出てきましたが、ピンポイント以上の広がりを持たなかった。三〇～五〇代の働き盛りの男性と若者を巻き込むことができないのはなぜか。よく考えなくてはいけません。「こっちは運動どころではないよ」ってことでしょう、彼らは。市民団体はそこが見えていないのかもしれません。

大内　そうですね。戦後の経済成長によって生み出された中間層が平和運動の中心を担っています。彼らの多くが、若い人たちが自分たちとはまったく違う働き方やライフコースを強いられているという現状を、十分には理解していないように思います。

斎藤　だから「意識を変えなければ」なんてことを言ってしまう（苦笑）。

今の平和運動を担っている人たちは、言っちゃなんですが基本的には経済的、時間的に余裕がある人たちなんじゃないのかな。でないと政治運動はできません。六〇年代の学生運動だって大学に進学できる程度の家庭の子どもたちだった。全共闘運動の主張も、じつは理念的だったでしょう？　今もそれに近いところがある。若い人たちが右傾化していると言いますけど、じつは「左翼だ」「反日だ」という言い方で、「あいつらは自分たちとは違う」ということを表明しているように思います。仮に平和運動の人たちが、その自覚はなくても「古き良き中間層」の生き残りだとすれば、敵に見えますよね。

大内　もう少し言えば、そういう人たちが若い人たちに対して「なんで運動をやらないのか」だとか、「意識が低い」だとか、あるいは「奨学金なんて返すのが当たり前だろう」と言ってしまったら、その人たちが嫌われるのみならず、平和運動全体が嫌われてしまいます。そういうことがわからないとまずいですね。平和運動の側が新自由主義による若者の貧困化に無自覚で、若者の「自己責任」を強調してしまうと、若者の側は「そんなことを言うのだったら、平和運動はやめよう」と右に行ってしまう危険性があるように思います。

斎藤　現にそうなっていると思いますよ。呑気なことを言っているように見えるんじゃないかな。「仕事なんて選ばなければ何とかなるよ」とか「嫌だったら会社なんか辞めちゃえばいい」とか言いがちじゃないですか。私自身、ブラック企業の実態を知る前は、「会社はみんなブラックなんだよ。団結して闘えば良いんだよ」といったざっくりした机上の空論で片づけていたかもしれないなあという反省はあります。

大内　国会前に行った若い人たちは、同世代のなかでは相対的に余裕がある人たちかもしれません。でも、藤田孝典さんの卓抜な表現の通り、四〇歳未満は層として「貧困世代」です。例外はあっても全体として貧困世代なのです。ということは、五〇代以上のような生活は、このままではほとんどの若者は送れません。だから、例えば安保法制反対のデモに行った若者たちの多くは、安保法制や戦争国家化への反対の一方で、自分たちが「一定の大学を出れば一定のライフコースを送れる」という従来型の生活が崩れているという感覚はあると思います。そのことが、安倍政権を批判する今回の運動の一定の広がりを生み出したというのが私の読みです。

斎藤　もちろん、それはそうだと思います。だけど、安倍政権の支持率は一貫して六〇パーセントを超えているのはなぜなのか。そこはよく考えてみたほうがいい。

「日常の戦場化」を問う

大内　大学で学生に会っていると、彼らの毎日が戦場であることを痛感します。

斎藤　戦場にいる人に「戦争をしてはいけない」と言っているのかもしれない。

大内　日常の戦場化ですから、それをキャッチしないといけません。大学生が親から虐待を受けているだとか、自分がバイトで働いたお金を親に巻き上げられているだとか、風俗産業で働いていて授業に出られないだとか、高校生の半数以上がバイト代を家計の生活費に入れるだとか……。こういうことが普通になってくると、「講義やゼミのやり方を工夫する」とか「授業研究を熱心に行う」では対応できません。教育の現場でも彼らの家庭的・経済的背景への理解が必要となります。

斎藤　ほんとですね。まるで昭和一桁の時代みたいです。「欠食児童」という言葉が生まれたり、「娘身売り」が社会問題化したりした……。

大内　そうですね。日本の場合には経済成長の果実を社会資本に十分には回しませんでした。社会の市場化や商品化の程度が大きいので、人々の貧困化のスピードがとても速い。世代間断層はここからも生じています。世代による差があまりにも大きいので、理解することが難しい。

また、教育費の親負担主義とそれに基づく学歴主義も影響しています。教育費の親負担主義によって前の世代のリアリティが教育現場においても力を持っています。親の時代とは働き方も企業も大きく変わっているのに、親の世代のイメージを子どもに押しつけて進学や就職をさせようとする。学校もその要求を拒絶することは容易ではありません。

斎藤　なんだかもう、救いがないなあ。

大内　中・高年世代が奨学金問題に驚くということ自体が、私や学生にとっては驚きです。かなり以前から大問題だったのですが、今でも多くの高齢者が驚きます。「どうしてそんなに問題なのか？」「半数以上の大学生が奨学金を利用している?!」という疑問や驚きから、奨学金の運動は広がったのです。

日本型雇用の下で何とかしようと、未だに多くの親や学校は考えているのですよ。実際にはこれだけ解体しているのに。斎藤さんの本を読んで「政治的リテラシー」を学ばないと、多くの若者はもう生活できません。「貧困世代」にとって、努力して働けば普通の生活ができるという社会ではなくなっています。政治的に正しい投票行動をし、社会保障の充実を要求しなければやっていけない社会になってきています。にもかかわらず、高校生・大学生の多くはそういう自覚がありません。むしろ、学校も親も従来型の構造のなかで、なんとか頑張りなさいと言っている。そこに大きな問題があります。

斎藤　現政権を支持するのは、牛や豚が肉屋を支持しているようなものだ、と私は思っているんですね。これを言うと「じゃあオレたちは牛や豚なのか」って話になってしまいますけど、いや牛や豚なんですよ。これだけ搾取されてるんですから。オーウェルの『動物農場』と同じです。

大内　だから六〇～九〇年にかけての成長モードを引きずっているリベラルや左派が、一刻も早くモードチェンジをすることが大切です。斎藤さんが本のなかで提起された、新自由主義に対して社会民主主義という選択肢を若い人たちに示すことです。

日本の学校教育はずっと努力主義でやってきているから、それが新自由主義の「自己責任」と接続してしまう。努力は大切ですが、努力できない環境や努力のスタート地点に立てない人たちが急増するなかでの努力主義はとても有害です。努力する条件のない人に、「努力しろ」と言うのは抑圧です。

「世の中に矛盾があるんだよ」「雇用主が間違っているんだ」だとか、「バイト先の雇用条件が悪い」「店長のやり方はパワハラだ」「フランチャイズにまで文句を言おう」ということを教えないといけません。理不尽に耐えるという習慣を変えていく必要がありますが、その自覚が学校教育の側に不十分です。

政治的にリベラルの人たちのなかに、規制緩和や行政改革、消費税増税を推進するなど「財政タカ派」が多いことも深刻な問題です。

斎藤　民進党が勝てないのも、そのへんがあるからですよね。経済学者の松尾匡さんに『この経済政策が民主主義を救う――安倍政権に勝てる対案』（大月書店、二〇一六年）という本があるのですが、左派リベラルが選挙で勝てないのは経済政策が間違っているからだ、と言いきっている。世論調査を見れば、有権者が最大の関心を持っているのは景気です。安倍政権が支持されているのは、野党より、景気対策をちゃんとやってくれそうに見えるからです。左派・リベラル派の野党がまず掲げるべき経済政策は、「安倍さんよりもっと好況を実現します！」と言う以外にはありえない。緊縮財政じゃダメなんですね。

大内　日本会議などの国家主義・軍国主義に対して「個人の自由」を対置するリベラルは重要ですが、経済の問題でリベラルというと市場主義へと回収されてしまいます。市場主義によって生み出される「格差」や「貧困」に対しては、リベラルではなく「ソーシャル」が重要です。『学校が教えないほんとうの政治の話』のなかで、「社会民主主義」と斎藤さんがはっきり書かれたことは重要なポイントです。今、日本の政治状況において、社会民主主義の勢力はとても弱い。左派として社会民主主義がしっかりと存在し、右派の新自由主義と争う状況が出てくれば、状況は大きく変わります。

斎藤　アメリカ大統領選では、バーニー・サンダースの票があれだけ伸びたということがありました。リベラルではなくソーシャルっていうのは、とてもいいスローガンですね。アメリカも同じような状況があるわけです。民主党の候補者としては、ヒラリー・クリントンが勝ってしまいましたが、サンダースにあれだけの思い入れを持って支持する人たちが若者も含めていたことは、無視できません。

大内　「社会主義」という言葉がタブーであったアメリカでさえ、「民主社会主義」を唱えるバーニー・サンダースへの支持があれだけ広がったということは、新自由主義による「格差と貧困」が深刻化していることを意味しています。バーニー・サンダースの支持者は圧倒的に若者です。新自由主義によって、アメリカでも若年層の多くが「貧困世代」となっています。富裕層課税と累進課税の強化によって「再分配の強化」を主張しているサンダースの支持が広がっているのですから、「貧困世代」が深刻な問題となっている日本だって、同様の可能性があるでしょう。

斎藤 あきらめる必要はまったくない。

大内 逆に言えば、社会民主主義による「富の再分配」を行わなければ、排外主義を唱える「国家社会主義」者のトランプが勝ってしまうということです。

斎藤 ですね。トランプだって、先が不安な中間層や白人の労働者層からの熱狂的な支持があったからこそ勝てた。そこは、本当に紙一重です。

大内 煎じ詰めて言えば、ヒラリーは新自由主義者であったから経済的に没落している白人中間層や労働者、そして若者の支持を得られずに敗北したのです。新自由主義による若者の貧困化や中間層解体は世界的な状況です。それに対して「反緊縮」や「社会民主主義」のうねりが広がっている。アメリカにおけるサンダースに加えて、イギリス労働党党首になったコービン、スペインのポデモスもそうです。若者が支持基盤となっているのが共通の特徴です。

斎藤 社民主義勢力が育ってきているのは、微かな希望ですね。

大内 日本において「下流老人」が大きな問題になったり、奨学金の運動がこれだけ急速に広がったのも世界的な動向と軌を一にしています。斎藤さんの本でも書かれていたように、トマ・ピケティの『21世紀の資本』(みすず書房、二〇一四年)の内容は、日本では多くの経済学者によってごまかされてしまいましたが、彼の不平等拡大の考察、グローバル資本課税の提起は重要です。

ピケティの議論は、サンダース、コービン、ポデモスの登場と完全に連動しています。ピケティはグローバル資本に課税をしなければ、格差是正は不可能であると明言していて、その視点が重要です。格差是正を、教育のなかだけで解決するというのは……。

斎藤　絶対無理ですし、頓挫しますね。

ワーキングプアなどの貧困の問題が可視化されたのは、二〇〇六～二〇〇七年だと思いますが、二〇〇九年に政権交代が実現したのだって「国民の生活が第一」というスローガンが共感を得たからでしょう。東日本大地震と福島第一原発の事故で、貧困問題は後まわしになった感がありますが、ここ一〇年、何も解決されていない。むしろ事態は悪化している。

大内　その結果、食べられない水準の働き方が常態化してしまいました。

貧困は偶然ではなく、社会的な層として登場しています。食べられない働き方の広がりは、再生産不可能社会を生み出しました。しかも日本の場合は、若者世代の貧困を親世代が家庭内で支えてしまう傾向にあります。問題の根本は家族主義です。家族主義が強いために、貧困がなかなか社会問題化しない。

斎藤　家族が支えられるうちは支えてしまうので、若者の貧困は可視化されなかった。「パラサイト・シングル」という言葉が流行ったのは一五年以上前ですが、二〇代、三〇代で親と同居する若者が多いのも、甘えているのではなく貧しさゆえだと考えたほうが納得できます。

大内　ですから、貧困の若者を支えている中高年が中流から下流に落ちる危険性があるという議論が、大きな反響を呼びました。

斎藤　藤田孝典さんの『下流老人——一億総老後崩壊の衝撃』（朝日新書、二〇一五年）ですね。
大内　子どもを支えているはずの自分たちも老後が危ないのだという話になりました。同じ家のなかに「貧困世代」と「下流老人」予備軍がいたら、どうしたらいいのでしょうか？
　私は奨学金問題でもその点を強調しました。お子さんが学校を卒業した後、低賃金で奨学金が返せなかったら、「あなたが大変ではないですか？」と親に呼び掛けた。その訴えは、親世代にとても響きました。教育費を親や家族が負担するという仕組みは、もう限界に来ています。そのことが、奨学金がこれだけ深刻な社会問題となった要因です。
　民進党も、奨学金に関しては「給付型奨学金の導入」を主張しています。そうすると緊縮政策にはならない。奨学金を給付で出すのだから、むしろ反緊縮ですね。つまり、これは社会民主主義的政策です。
斎藤　社会民主主義的な政策はとかく「バラマキ」という批判を浴びますが、給付型奨学金に反対する人はさすがにいなかった。子どもが親の年金をあてにしたり、親が子どもの奨学金をあてにしなければならないような現実は、誰が見たっておかしいですからね。
大内　社会民主主義的勢力を登場させることが重要なのですが、そのためには教育費から入っていくのが一番良いと思います。
斎藤　ああ、なるほど。教育へのリスペクトは辛うじてまだ生きている。教育費から行くのがわかりやすいんだ。
大内　一番賛同されやすいのです。「給付型奨学金の導入」が実現しましたから、ここを突破口にして反緊縮の動きをつくっていきたいと思います。

「小さな政府」論が論壇の圧倒的多数を占めているなかで、それに反対する動きをどこからつくったら良いのかをずっと考えてきました。給付型奨学金はそのなかから出てきたアイデアでもあります。ここから社会民主主義の潮流をぜひともつくっていきたい。

学校教育において社会民主主義の政策を進めなければ、教員による無尽蔵の労働を助長するか、親たちを切り捨てるか、子どもたちが我慢するということになってしまいます。先ほども話に出たように現在の貧困状況はまるで二〇世紀前半並みです。「富の再分配」を進める社会民主主義政策が今ほど必要な時はありません。

斎藤　でも一方で、現実の政治を見ていくと、受け皿となるべき社民主義勢力が具体的に見えてこない。民進党は政権交代ダメージから立ち直っていないし、社民党も共産党もあてになるのかどうか……と思うと、どの党に投票したら良いかわからない。昨年の都知事選が良い例ですが、野党共闘は野党共闘で知名度の高い候補に肩入れしたりしますしね。ひいきのチームを探せ、ホームとアウェイを決めろと自分で言っておきながら、非常に無責任な話なんですが。

大内　昨年の都知事選は、日本におけるサンダース登場の絶好の機会を逃しましたね。選択する政党が見つかりにくいというのはその通りです。でも社会民主主義の登場を導く可能性のある政治的課題は、多数登場してきています。保育所の待機児童問題や給付型奨学金の導入、教育費の無償化の議論などです。教育費の無償化のなかには、これを理由として憲法「改正」を行おうとする日本維新の会の動きなどもあって警戒しなければいけませんが、中間層の解体によって教育費負担が重要な政治課題となり、多くの政党が教育費の無償化を唱えるようになっていることは事実でしょう。そのときに重要なのが選択肢です。保育所の増加、給付型奨学金の拡充、教育費の無償化を新自由主義的な行革によってではなく、富裕層や大企業への課税強化など社会民主主義的な再配分で行うという選択肢が明確になれば、そちらを選ぼうという動きが生まれます。まずは見せることが重要です。

ブラックバイトも問題を「見せる」ことから始まりました。働いている本人が「仕方がない」と考えていたところを、「ブラックバイト」と名づけることによって社会問題化が行われました。部活顧問の強制もツイッターでの発信によって、社会問題化したのです。

日本社会における「格差と貧困」の深まりは爆発寸前の状況を生み出しています。アメリカのサンダース現象からも分かるように、誰かが問題の所在を明確化し、社会民主主義という道筋を示せば、「そうだ！」と賛同が広がる可能性は十分にあると思います。

おわりに

第1章「『教育再生』の再生のために」では、第二次安倍政権の「教育再生」をテーマとして取り上げた。安倍政権のイデオロギーが従来の「保守」とは異なり、「破壊的保守」あるいは「極右」と位置付けることができること、小選挙区制と政治主導による官僚主義の崩壊が、民主主義の機能停止をもたらしていることを斎藤貴男さん、佐藤学さんと論じた。

その後の安倍政権の動きは、対談での考察を裏付けるものであった。二〇一八年の通常国会の焦点は働き方改革関連法案であった。そこで、裁量労働制の労働者が一般の労働者より残業時間が少ないという厚労省のデータが、実は不自然に操作したものであることが明らかになり、当初、強気だった安倍政権は、一転、裁量労働制の対象拡大を法案から削除する事態に追い込まれた。

また、二〇一八年三月二日に『朝日新聞』は、財務省が作成した土地取引に関わる決裁文書が契約当時の文書と国会議員らに開示した文書とで内容が異なることを一面トップで伝え、「学園側との交渉についての記載や、『特例』などの文言が複数箇所でなくなったり、変わったりしている」とし、文書が「（森友学園）問題発覚後に書き換えられた疑い」があると報じた。

このスクープは国会審議に大きな影響を与えた。三月一二日まで財務省内で調査が行われ、同日国会に対し改ざんの事実が報告された。政府が公文書を改ざんして、国権の最高機関たる国会に提出するという重大な「国家犯罪」が行われた。民主主義の根幹に関わる異常事態が進行している。第1章の対談で議論した官僚主義の崩壊や民主主義の危機が、一層あらわとなったのが二〇一八年通常国会であった。この後、安倍首相は同年九月二〇日に連続三選を果たし、憲法九条に自衛隊を明記する憲法改正を唱え、秋の臨時国会での党改憲案提出を目標として打ち出した。

第2章「『受益者負担の論理』を超えるために」では、教育費、特に高等教育の学費と奨学金について宇都宮健児弁護士と対談を行った。

第2章で重要なテーマとして取り上げられた奨学金問題については、その後運動が大きく発展した。それは奨学金問題対策全国会議と全国組織である労働者福祉中央協議会（以下：中央労福協）との連携が開始されたことによる。奨学金制度改善を目指して結成された奨学金問題対策全国会議と、労働者の生活と福祉を向上する観点から奨学金問題への関心を深めていた中央労福協が、連携して活動を開始するようになった。

二〇一五年一〇月から中央労福協は「給付型奨学金制度の導入・拡充と教育費負担の軽減を求める署名」を開始し、奨学金問題対策全国会議もそれに協力した。この署名は、全国各地から大きな反響があった。二〇一六年三月には署名は三〇〇万筆を超え、三月二二日に奨学金問題対策全国会議と中央労福協は共同で総理官邸に行き、世耕弘成官房副長官（当時）に署名簿の提出と要請を行った。また、三月三〇日には馳浩文部科学大臣（当時）に署名簿の提出と要請を行った。二〇一六年の参議院選挙では第一回の一八歳選挙権選挙ということもあって、給付型奨学金制度の導入について与党を含む多くの政党が公約に入れることとなった。

二〇一五年から始まった奨学金問題対策全国会議と中央労福協の連携は、奨学金制度に大きな力を与え、給付型奨学金制度導入への動きをつくりだしたと言える。二〇一七年三月三一日、参議院本会議において、給付型奨学金制度の創設を盛り込んだ「独立行政法人日本学生支援機構法の一部を改正する法律案」が全会一致で可決・成立した。また同時期、司法修習生に一律月額一三万五〇〇〇円を給付する制度が新設され、事実上「給費制」の復活がなされた。この対談で宇都宮さんから示唆を受けた全国組織との連携や与党を含む多数派形成の重要性を意識したことが、給付型奨学金制度の導入を成功させることにつながった。まだまだ課題は残されているが、重要な成果を上げたことは間違いない。

第3章『教育の病』から見えるブラック化した学校現場」では、教育現場の現状について教育社会学者の内田良さんと対談した。組体操、二分の一成人式、柔道事故、体罰などと並んで、部活動についても議論を行った。

この対談の後、内田さんは部活動の研究と部活動改革への実践的関わりを深めることになる。二〇一七年四月に部活動の改善を目指して、現職教員によって構成される全国横断的ネットワーク「部活動改革ネットワーク」が発足した。教育現場のネットワークとそこからの発信は、部活動改革を推進させる力となった。また、教員やその関係者らの声を集約するウェブサイト「教働コラムズ」も誕生した。

内田さんは二〇一七年七月に著書『ブラック部活動』(東洋館出版社)を出された。対談のなかで、内田さんは私に向かって「ブラックバイトのことは、『バイト』を『部活』という語に書き換えれば、大内さんはもう一冊本が出せますよ(笑)。」とお話されていたが、実際に本を書いたのは内田さんだった。この『ブラック部活動』は大きな話題となり、部活動問題についての議論を活性化させた。二〇一七年一二月二七日には、部活動について学術的な研究を行う日本部活動学会が設立された。

そしてスポーツ庁は二〇一八年三月に、運動部活動のあり方についてのガイドラインをまとめた。文部科学省は二〇一八年四月、外部の「部活動指導員」を学校教育法に基づく学校職員に位置づけ、顧問として単独で部活を指導・引率できるよう制度化した。

部活動改革への動きは部活動顧問の過剰労働への関心を高め、教員の長時間労働への着目へとつながっていった。内田さんも私も呼びかけ人として関わっている「教職員の働き方改革推進プロジェクト」による、教員の労働時間の上限規制を求める署名活動(二〇一七年五月開始)では、全国で約五〇万人分もの署名が集まった。二〇一七年六月に文部科学省の中央教育審議会に「学校における働き方改革特別部会」が設置された頃から、「部活動改革ネットワーク」や「教働コラムズ」の教員らも、教員の長時間労働の解消について声をあげるようになった。

二〇一八年六月に内田さんは編著『教師のブラック残業』(学陽書房)を出し、教員の長時間労働とそれを支えている給特法(正式名称:公立の義務教育諸学校等の教育職員の給与等に関する特別措置法)の問題点を鋭く考察している。部活動改革に始まり、教員の長時間労働の是正へと内田さんの言論活動は広がっている。部活動改革や教員の長時間労働是正へ向けて私も力を合わせて行きたい。

第4章「『日常の戦争化』に抗する」では、「教育と政治」というテーマについて文芸評論家の斎藤美奈子さんと対談を行った。斎藤さんの著書『学校が教えないほんとうの政治の話』(ちくまプリマー新書、二〇一六年)のなかで論じられている、五五年体制以後の政治の見えにくさ、理解しにくさについて議論を深めた。

斎藤さんと議論したテーマについてもその後、大きな動きが起こった。二〇一七年九月、安倍首相が解散表明を行った直後に希望の党が結成され、民進党の前原誠司代表と希望の党代表の小池百合子東京都知事との連携の動きが、民進党の事実上の解党と希望の党への合流へと発展した。この「前原―小池クーデタ」とも呼べる動きは、支配層による改憲二大政党・極右二大政党構築への動きと、民進党内右派による「野党共闘」路線離脱への志向が結びついて出てきたものと言える。

しかし、その後の小池の安保法制反対派「排除」発言によって、改憲二大政党・極右二大政党の構築が挫折し、衆議院選挙公示を一週間前に控えた土壇場で枝野幸男らが立憲民主党を立ち上げた。立憲民主党は選挙で躍進し、野党第一党の議席を獲得した。立憲民主党は、民進党内右派の多くが希望の党に入ったこともあって、憲法九条改憲反対や原発反対などリベラル色を強く打ち出した。左右両派を抱えていたことで自民党との対抗軸が曖昧であった民進党と比較して、自民党との対決色を鮮明に出せたことが、立憲民主党が躍進した理由の一つである。「社会党―総評」ブロックの解体以来、曖昧化されてきた対立軸が久しぶりに明確化するという事態が生まれた。対談で話題となった「リベラル」ではなく「ソーシャル」の路線、憲法二五条の生存権・社会権を実現する社会民主主義（ソーシャル・デモクラシー）政策を打ち出せるかどうかが、立憲民主党の今後の課題となるだろう。

イギリスでは左派のジェレミー・コービンが二〇一五年九月に労働党党首となり、新自由主義に親和的だったそれまでのブレア「第三の道」路線を、社会民主主義路線へと転換させた。高所得層や大企業への増税による所得の再分配、大学授業料無料化や医療サービスへの大規模支出などの反緊縮政策を強く訴えて、二〇一七年の総選挙で若者の圧倒的支持を得て躍進した。ガーディアンの若手記者は、BBCの討論番組で「今回の選挙は、サッチャー政権（一九七九〜）以降の新自由主義政治を転換させた」とコメントした。

アメリカでも二〇一八年一一月に行われた中間選挙の連邦下院選（ニューヨーク州一四区）で、民主党のアレクサンドリア・オカシオコルテス候補が当選し、史上最年少（二九歳）の女性下院議員となった。オカシオコルテスは、二〇一六年の大統領選挙で民主党候補だったバーニー・サンダース議員のキャンペーンに尽力した。政治団体「アメリカ民主社会主義者」（DSA）の一員で、公的医療保険の整備や雇用保障など労働者層向けの政策の充実を中心に訴えて選挙に勝利した。新自由主義グローバリズムの先進地域であるイギリスとアメリカで、新たな社会民主主義が台頭していることが分かる。

第1章から第4章の対談を通して見えてくるのは、新自由主義グローバリズムの猛威によって、「自由主義」と「民主主義」との同盟・妥協を通して二〇世紀に「資本主義」世界において成立した福祉国家の解体が急速に進行している姿である。教育分野においても「自由主義」／「資本主義」への純化が進行し、二〇世紀に獲得されてきた平等に基づく「民主主義」の蓄積が急速に剥奪されつつある。教育の市場化・商品化は貧困の深刻化と格差の拡大をもたらし、教育の場での営みそのものを、資本蓄積を最大化する方向で誘導している。教育の場での人々の身体や感情、コミュニケーションが商品化・市場化の対象とされる。生徒と教員の日常が市場の暴力にさらされることになる。

危機を脱するために必要なのは、社会全体からミクロの領域までを貫いている「資本蓄積」最大化の公理とそれを支える教育のあり方への批判である。教育現場の定点観測を続けると同時に、現代の危機的状況を脱するための根源的思考を実践することが今後の課題となるだろう。

二〇一八年一一月

大内裕和

初出一覧

第1章『現代思想』2014年 4 月号
第2章『現代思想』2014年10月号
第3章『現代思想』2016年 4 月号
第4章『現代思想』2017年 4 月号

大内裕和（おおうち・ひろかず）

1967年神奈川県生まれ。東京大学大学院教育学研究科博士課程をへて、現在は中京大学国際教養学部教授。専門は教育学・教育社会学。奨学金問題対策全国会議共同代表。2013年に「学生を尊重しないアルバイト」のことを「ブラックバイト」と名づけて、社会問題として提起する。主な著書に『奨学金が日本を滅ぼす』（朝日新書、2017年）、『ブラックバイトに騙されるな！』（集英社、2016年）、『ブラック化する教育』（青土社、2015年）、『「全身○(マル)活」時代』（共著、青土社、2014年）などがある。

ブラック化《か》する教育《きょういく》 2014-2018

2018年12月15日　第1刷印刷
2018年12月25日　第1刷発行

著　者　大内裕和《おおうちひろかず》

発行者　清水一人
発行所　青土社
〒101-0051　東京都千代田区神田神保町1-29　市瀬ビル
電話　03-3291-9831（編集部）　03-3294-7829（営業部）
振替　00190-7-192955

印　刷　双文社印刷
製　本　双文社印刷

装　幀　竹中尚史

ISBN978-4-7917-7125-7